Klasse, das machen wir!
Nachrichten vom Hof IV

Solidarische Landwirtschaft auf Hof Pente

Herstellung und Verlag:
BoD - Books on Demand, Norderstedt
ISBN 978-3-7392-0066-2

Johannes F., Martina, Julia und Tobias Hartkemeyer

Klasse, das machen wir!
Nachrichten vom Hof IV

Solidarische Landwirtschaft auf Hof Pente

Fotos und Text © 2015 Johannes, Martina, Julia & Tobias Hartkemeyer
weitere Mitwirkende: **CSA Hof Pente Team – Pentertainment Productions**
ISBN: 9 7837392 00668

Neben den vielen freiwilligen Helfern und Unterstützern bedanken wir
uns noch bei folgenden Institutionen:

Die Entwicklung der pädagogischen Arbeit auf
dem Hof wurde 2013-2014 unterstützt und gefördert von:

Die Weiterentwicklung und Verbreitung des Handlungspädagogischen
Ansatzes auf dem CSA Hof Pente wurde unterstützt und gefördert durch:

Inhaltsverzeichnis

Klasse, das machen wir! Dieser begeisterte und begeisternde Ausruf macht schlaglichtartig deutlich, wie wichtig es ist, gemeinsam an sinnvollen, herausfordernden und zukunftsweisenden Ideen zu arbeiten. Die Landwirtschaft ist ein Arbeitsfeld, welches täglich neue anspruchsvolle Herausforderungen bietet; wo Mensch, Tier, Pflanze, Wetter und Technik volle Aufmerksamkeit verlangen. Die Abenteuer, die ein gemeinsames Landwirtschaftsprojekt mit über 250 Menschen bestehen darf, sind immer wieder überraschend und faszinierend.

Nach dem großen Interesse, das die bisherigen „Nachrichten vom Hof" erleben durften, fühlen wir uns ermutigt, unsere Erfahrungen, Beobachtungen und Zukunftspläne mit diesem Bd. 4 einer breiteren Öffentlichkeit vorzustellen. In der Hoffnung, dass sich unsere Begeisterung für Natur, Landwirtschaft und menschliche Entwicklung weiter verbreitet. Schon jetzt ist das Interesse von Besuchergruppen von nah und fern, aus dem In- und Ausland so groß, dass wir manchmal an der Grenze der Überforderung stehen.

Wir wünschen unseren Leserinnen und Lesern viel Freude an den neuen Nachrichten, Ermutigung für den Alltag und vielleicht hier und da einige neue Erkenntnisse und Ideen.

Familie Hartkemeyer
Hof Pente

Januar 2015

Die Nacht kommt und
die Menschen schlafen
wie Fische in schwarzem Wasser.
Dann der Tag.
Manche nehmen
ihr Werkzeug auf.
Andere werden selbst zum Tun.
Rumi

Die wintermüde Sonne krabbelt langsam im Osten mit hochrotem Kopf den Erdkreis hinauf. Die zwölf heiligen Nächte durchwirken das Dunkel der ruhenden Kraft der Erdenseele. Kaum merklich werden die Tage schon länger. Noch hat das grüddelige Winterwetter die Nordwelt im Griff. Aber am Tiefpunkt der Dunkelheit entfaltet sich bereits der Keim des wachsenden Lichtes: Wintersonnenwende. Indem die Finsternis vom Licht geschieden wird, wiederholt sich die jährliche Schöpfungsgeschichte.

In unserer Familie gab es noch eine ältere Tante, der die Tage der „zwölf heiligen Nächte", zwischen Weihnachten und Dreikönig, so bedeutungsvoll waren, dass für sie als oberstes Gebot galt, in dieser Zeit keine Wäsche zu waschen, denn das brächte Unglück fürs ganze Jahr. Erst nach dem Dreikönigstag begann für sie wieder das Alltagsleben.

„Die Nacht ward der Offenbarungen mächtiger Schoß - in ihn kehrten die Götter zurück - schlummerten ein, um in neuen herrlicheren Gestalten auszugehen über die veränderte Welt" formulierte *Novalis*.

Um in diesem Jahr einen kleinen Beitrag zur multikulturellen Integration zu leisten, folgt nun ein kurzer Absatz in unserer Heimatsprache, die für viele unter uns möglicherweise inzwischen eine Fremdsprache geworden ist. Diese Form der deutschen Sprache zur familiären Pflichtsprache zu machen, vor allem in unseren Familien mit Migrationshintergrund, wie es manche Eingeborene südlicher Bergstämme fordern, ist wahrscheinlich nicht ganz einfach.

Wintertid

De Swienigel slöp sachte un deep ünner de Blare un Büske. Miechlämmkes sittet in eeren Haupen un warmt sick de Feute. Dat Sünneküken wochtet up de heigere Sünne. De Wannewup schnarked deep mit siene Frau in eer Stobenlock inne Unnergrund. De Woddeln van de Planten un Böme hault sick faste kiegen denn Wiend inne Eden. Lüninge fleget flietig inne Lucht ümme de lesten Krumen to seuken. Müse schlieked stickum un sachte dür de Kamen un Müselöcker, ümme de deusigen Katten slaupen to lauten.

(Winterzeit: Tief und entspannt schläft der Igel unter den Blättern und Büschen. Die Ameisen sitzen in ihrem Haufen und wärmen sich die Füße. Die Marienkäfer warten auf einen höheren Sonnenstand. Der Maulwurf schnarcht tief mit seiner Frau in ihrem Stubenloch im Untergrund. Die Wurzeln der Pflanzen und Bäume krallen sich gegen den Wind in der Erde fest. Die Spatzen fliegen emsig durch die Luft, um die letzten Krümel zu suchen. Die Mäuse schleichen heimlich und leise durch die Räume und Mäuselöcher, um die stumpfsinnige Katze schlafen zu lassen.)

Aufgrund der ungewöhnlich milden Temperaturen in der Weihnachtszeit hat wohl der „Wannewup" von seiner Frau eins aufs Dach gekriegt, um sich auf die Socken zu machen und zügig wieder an die Arbeit zu gehen. Das bescheuerte Ergebnis von Grabowskis sinnloser Arbeit ist ein riesengroßer Erdhaufen in unserem dreischiffigen Gewächshaus. Zudem befindet er sich dummerweise direkt an unserer Bewässerungssäule - gewissermaßen ein Wasserhahnvulkan.

Das Bibelzitat „sehet die Vögel des Himmels…", was sich im Ergebnis in diesem Jahr brutalst möglich auf unseren Maisanbau ausgewirkt hat, erstreckt sich nun zu unserem Leidwesen auch aufs Erdreich. So könnten wir sagen: „Sehet die Mäuse der Erde. Sie säen nicht, sie ernten nicht und trotzdem ernährt sie die CSA“. Diese verheerende Inkarnation grauer Mäuse hält selbst den phantasievollsten Verführungskünsten weiblich inspirierter Schokolustreizverlockungsköderfallen stand. Sogar unsere alte Schleiereule, die sonst ein unermüdlicher Nachtjäger ist, hat sich offenbar an den Mäusen bereits überfressen und rülpst nachts knarzend in ihrem Eulenloch.

Unsere Tiere haben sich rechtzeitig in Weihnachtsstimmung versetzt. *Frank* bekam zu Heiligabend ein großzügiges Geschenk von unserer Hofkatze, die er sonst regelmäßig mit Leckereien verwöhnt. Eine frisch erlegte gut erhaltende dicke fette Ratte wurde von ihr an der Stelle zelebriert, an der er sonst seine guten Gaben platziert.

Eines unserer Schäfchen hatte sich durch Regen und Wind, trotz dickem Wollkleid eine Erkältung zugezogen, die es aber durch Pflege in unserer warmen Diele bald wieder auskurierte. Nun hat *Lukas* den Schafen einen warmen transportablen Wellblechunterstand spendiert. Alle Schafe durften noch vor Weihnachten von einer individuellen Fußpflege durch *Lukas* und *Paul* profitieren. Deformierte Klauen wurden geschnitten und wieder in Form gebracht.

Unsere Kühe wollten in diesem Jahr dem Christkind ihren Stall zur Verfügung stellen. Leider konnten wir dieses großzügige Angebot nicht annehmen, da der reichhaltige Regen den Platz mit einer fetten Schlammschicht ausgestattet hatte. *Martina* richtete kurzerhand mit ihrer engagierten Schauspieltruppe unser Carport für das Krippenspiel her. Der gute alte Stern aus Untertürkheim musste den jungen Sternlein aus Pentlehem weichen. Und schließlich auch Maria, Josef, dem Kindlein nebst Ochs und Esel Platz machen. Von 100 Kerzen erleuchtet, führten die Jüngsten des Hofes in anrührender Weise das Christ-Geburtsspiel vor zahlreichen begeisterten Mitgliedern auf dem dunklen Hofplatz auf. (Übrigens hatte der heilige Franziskus Ochs und Esel mit ins Spiel gebracht, um auch die für ihn beseelte Tierwelt an der Erlösung zu beteiligen. Wobei die beiden gleichzeitig Repräsentanten von Judentum und Islam darstellen sollten). Zuvor hatte bereits die jüngste Künstlergruppe als gemischtes Hoforchester unter *Annas* Leitung im Adventscafe mit heimeliger Küchenklönkaffeekeksatmosphäre für eine musikalische Einstimmung in die Festtage gesorgt, die auch der NDR zu konservieren versuchte. Unser Mitglied *Karola* hatte sich bereits zuvor liebevoll um die jüngsten Mitglieder gekümmert und gemeinsam mit ihnen leckere Knusperhäuschen gebaut.

Die Schweinemütter *Swatje* und *Lieschen* versorgen die im warmen Strohnest geborgenen neuen Schweinekinder.

Leider wurden wir gezwungen, unsere fleißigen Hühner wegen der Vogelgrippewarnung einzusperren. Um unserem Geflügel trotzdem die Lebensfreude zu erhalten, haben wir einen zusätzlichen, mit Planen geschützten provisorischen Auslauf konstruiert. Hinter dem Bundeswehrtarnnetz befindet sich also keine gefährliche Flugabwehrkanone, um das super gefährliche Virus, oder gleich die ganze Vogelwelt, abzuschießen, sondern Salatreste und Silage, um die Tiere bei Laune zu halten. Obwohl das Vogelgrippevirus bislang nur in Massentierhaltung gefunden wurde, haben die Freilandhalter die Folgen dieser Seuche zu tragen. Der emeritierte Pathologie Professor der tierärztlichen Hochschule Hannover *Siegfried Ueberschär* bezeichnete die in den Medien vertretene These, dass das Vogelgrippevirus durch Wildvögel übertragen worden sein soll, als reine Spekulation. Klar sei jedoch, dass die Tiere in der Massentierhaltung durch ihren extremen Stress wesentlich anfälliger seien. Durch die enge Haltung wie in einer Ölsardinendose, auf einer schmierigen oder sogar flüssigen Kotschicht, könnten die Tiere ihre natürliche Veranlagung sich zu bewegen und in Gruppen einzuordnen, nicht ausleben. In solchen Situationen komme es zu Cortisol-Ausschüttungen, das heißt zu einer Überaktivität der Nebenniere, was die Immunabwehr stark einschränke. Das sei sowohl bei Menschen aber auch bei allen Tierarten so.

Es fragt sich auch der gesunde Menschenverstand, wie kommt ein kranker Vogel überhaupt in einen dieser hermetisch geschlossenen Massentierställe hinein? Und warum kümmern sich Forschung und Verwaltung fast ausschließlich um das angebliche Gefahrenpotenzial der Wildvögel und Freilandtiere und nicht um das Verbot der Massentierhaltung? Der Naturschutzbund NABU meint, dass das Virus eher als Folge der Globalisierung, also wegen des internationalen Handels mit Tieren und

Tierprodukten in die betroffenen Betrieben gelangt sein könnte. Wildvögel wären demnach durch die Abluft der Ställe und den großflächig verbreiteten Mist gefährdet und könnten sich angesteckt haben. In Südkorea stellte man fest, dass die Wildvögel erst krank wurden, nachdem dort ein Nutzgeflügelbetrieb befallen war. Dort waren die Wildvögel nicht Ursache sondern Opfer der Vogelgrippe.

Die Art der bisherigen Ursachenforschung erinnert an den Mann, der nachts im Schein der Straßenlaterne auf dem Boden seinen Schlüssel sucht. Auf die Frage, wo er ihn denn verloren habe, antwortet er: „Dahinten im Dunkel." „Und warum suchen sie hier?" „Weil hier das Licht heller ist!" In bestimmten Kreisen wird bereits vermutet, dass es sich bei der Massenschlachtung in erster Linie um eine der Allgemeinheit aufgebürdete Markt-und Preisstabilisierungsaktion handele. Für die Freilandhaltung wäre das dann der Vorrang des Verarschungsprinzips vor dem Verursacherprinzip.

Aber es gibt auch einen Erfolg im Kampf gegen die industrielle Tierhaltung. Das Oberverwaltungsgericht Magdeburg hat dem Schweinezüchter *Straathoff* ein Tierhaltungs- und Betreuungsverbot im Kreis Jerichow erteilt. (Wie heißt es doch in der Schrift: „Ein Mann ging von Jerusalem nach Jericho und ging unter die Räuber". Es dauerte lange, bis ein Levit kam, um ihm die Leviten zu lesen. Oder so ähnlich…). Dieses Vorgehen gegen einen der größten in dieser Branche könnte einen Umkehrpunkt in der industriellen Tierhaltung markieren. Nur sollte man die unmittelbaren Folgen nicht überbewerten. Es ist so, als wenn jemandem der Führerschein entzogen wurde, der genug Geld hat, sich einen Fahrer zu leisten.

Im Dezember, einen Tag nach dem 30. Jahrestag des furchtbaren Pestizidunfalles mit 30.000 Toten und 500 000 Verletzten im indischen Bhopal, explodierte auf der B 68 in Wallenhorst – in Sichtweite unseres Hofes - ebenfalls ein Lkw mit Pestiziden. Wenige Tage danach ein weiterer auf der Autobahn A7 bei Göttingen nach dem Motto: Bhopal ist überall. In Indien ist bis heute kein Manager der verursachenden US-amerikanischen Firma Union Carbide, heute Dow Chemical, zur Rechenschaft gezogen worden.

Wie lange es manchmal dauern kann, bis sich Einsicht zeigt, sehen wir im Falle der Atomenergie.

30 Jahre dauerte es, bis der „Stern" endlich titelte „Deutschlands teuerster Irrtum". Bereits im April 1976 hatten wir an die Redaktion unserer Regionalzeitung einen Leserbrief geschrieben. Aufgrund der Planungen für eine Mülldeponie im Emsland wiesen wir auf die unverantwortlichen Risiken der Atomtechnologie und die ungelösten Probleme der so genannten Endlagerung hin. Der Leserbrief erschien nie. Dafür antwortete ein Redakteur dieser Zeitung antwortete uns im Stil der Atomlobby sinngemäß, dass wir viel zu dumm seien, um diese Dinge zu verstehen und das alles schon wunderbar zur volkswirtschaftlichsten Zufriedenheit aller laufen würde. Bis heute wurden 213 Milliarden€ aus Steuermitteln an die Konzerne für diese unsinnige Technologie ausgegeben. Etwa die gleiche Summe überwiesen die Stromkonzerne an die Aktionäre. Nun wollen sich die gleichen Stromkonzerne aus der Verantwortung tricksen und die alten Kohle- und Atomkraftwerke in ein Konstrukt mit begrenzter Haftung, aber mit voller Verantwortung für die Entsorgung der Atommüllhinterlassenschaften einbringen. Dreimal darf man raten, wer diese Kosten am Ende noch übernimmt. „Wie innovativ!" titelte die gleiche Zeitung 38 Verdummungsjahre später. Auch die sozialistische Idee aus kapitalistischer Sicht ist bestechend: Privatisierung des Profits und Sozialisierung der Lasten auf Kosten der Allgemeinheit!

Da bleiben wir doch lieber bei unserer überschaubaren Technik. Eine uralte Nudelmaschine wurde in der Werkstatt durch *Jürgens* verständnisvolle Intensivoperation am offenen Herzen der Schalter und sonstigen Eingeweide wieder zum Leben erweckt. Auf dass sie zur neuen dienstbaren Sklavin unserer Mitglieder auferstehen und zur neuen mediteran-penteriffanischen Speisekartenerweiterung beitragen darf.

Nie war er so wertvoll wie heute! Der Protest gegen die Massentierhaltung und die Agrarindustrie scheint erste Wirkungen zu entfalten. Deshalb, am 17. Januar wieder nach Berlin zur Demo: „Wir haben es satt!"

Mit den besten Wünschen für ein glückliches neues Jahr,
euer Team vom CSA Hof Pente

Friedmut und die Coburger Fuchsschaafe

Keno und Theo das Flaschenlämmchen

> *„Wenn wir zehn Kilo*
> *verlieren, dann verlieren*
> *wir vielleicht die*
> *besten zehn Kilo, die wir*
> *haben. Vielleicht*
> *verlieren wir die, die*
> *unsere Menschlichkeit,*
> *Liebe und Ehrlichkeit*
> *enthalten.“*
> *Woody Allen, Filmregisseur*

Windheulendes Flüssigwetter durchsumpfte den Jahresbeginn und blökte (nach chinesischem Kalender) das „**Jahr des Schafes**“ ein. „Seine Furchtsamkeit ist lächerlich, seine Feigheit erbärmlich, jedes unbekannte Geräusch macht die Herde stutzig“, so hieß es schon im alten „Tierleben“ von Alfred Brehm. Ist das Schaf an sich eher sensibel oder dämlich? Etwas mehr Sanftmut könnte allerdings der kriselnden Welt nicht schaden, wobei an Schafen, die blind irgendwelchen Führern folgen, kein Mangel besteht. Nach unserem Kalender müsste es aber eher heißen: „Das Jahr der Mäuse“. Abends glitzern einem beim Gang im Mondenschein über das Feld gefühlte 10.000 Augen an. Ein wundervolles biologisches Übersetzungsbild von „NSA is watching you“.

Wenn wir den Verkauf von **Naturlampions** aus exakt ausgefressenen Hohlmöhren oder Hohlpastinaken als Geschäftsfeld entwickeln könnten, hätten wir gute Chancen. Der Klimawandel führt also nicht nur zu grauem Schmöttkewetter statt strahlender Schneepracht, sondern auch zu erheblichem **Schädlingsdruck**. Jetzt spürt man, welch ausgleichende Rolle der beißende Winterkahlfrost spielen kann. Die Bodenbearbeitung zur Störung des unterirdischen sozialen Wohnungsbaus ist aufgrund der Matsche noch nicht möglich. Die Fallenstellerei ist so aufwändig, dass wir noch mindestens 100 erfahrene kanadische Trapper und Pelztierjäger beschäftigen könnten. Zur ungerechten Paradoxie des Schadens gehört auch, dass wir die Folgen des Bioanbaus ertragen müssen. Mäuse und andere Wildtiere stehen nun mal auf Bio! Vielleicht könnte man im Zuge der Weiterentwicklung der Gentechnik dieses Bio-Erkennungssensorium bei manchen pubertierenden Zeitgenossen implantieren, die Currywurst mit Altöl-Fritten nach *Schimanski*-Art als Gipfelpunkt der haute cuisine empfinden.

Die aktuelle Versorgungssituation stand denn auch im Mittelpunkt unserer **Versammlung**, auf der über 60 Mitglieder erschienen waren. *Tobias* wies auf die Gründe hin, die dazu führten, dass nach zwei etwas opulenteren Jahren doch im vergangenen Jahr bescheidenere Ernteergebnisse und höhere Lagerverluste entstanden sind. *Martina* leitete die sechs Gruppen mit Fragestellungen zum Umgang mit der Situation ein. Es war für die Hofesleute schon bewegend zu hören, wie **solidarisch** die Aussagen unserer Mitglieder waren, die ihre Bereitschaft vielfältig zum Ausdruck brachten, auch Durststrecken mitzutragen. Bis hin zum Vorschlag, gleich eine mehrjährige Mitgliedschaft einzugehen, um zu zeigen, dass es nicht in erster Linie darum geht, als Einzelner günstig da zu stehen, sondern gemeinsam ein gewolltes Projekt zu unterstützen. *Tobias* stellte eine Reihe von Maßnahmen vor, die zu einer besseren Perspektive beitragen können: Weiterentwicklung der Fruchtfolge (Kohlhernie), Einstellung eines zusätzlichen Gärtners, Verbesserung der Lagerbedingungen et cetera. Kurzfristig wird auch ein **Zukauf** von den regionalen Biobetrieben vorgesehen, um den Engpass bei Lagergemüse (vor allem Möhren, Rote Bete, Kohl) für alle günstig zu überbrücken (Großhandelspreise). Die Zukäufe werden kenntlich gemacht.

Die Begründung für unser Projekt liefern die Medien fast täglich. Nach der aktuellen Entdeckung von **pestizidverseuchten ukrainischen Sonnenblumen** im Bio-Tierfutter eines EU-Biofutterwerkes in den Niederlanden, der fast alle EU Bio Legehennenbetriebe Norddeutschlands betrifft, ist wieder einmal das Entsetzen groß. Als Konsequenz gibt es kaum wirkliche Bioeier auf dem Markt. Da ist es doch beruhigend, dass wir unser eigenes kleines „Mahl- und Mischfutterwerk" auf dem Hof haben und unser Futter mit Mineralfutter-Ergänzer eines vertrauenswürdigen regionalen (Melle) zertifizierten Bio-Mühlenbetriebes anreichern können. Wie hochwertig unser Tierfutter ist, bestätigte erst kürzlich eine eingehende sensorische Analyse von *Arvid* (drei Jahre alt). Er begleitete *Lukas* beim Schweine-Füttern und der sah ihn dabei genüsslich schmatzend an der Schweinefuttertonne. Auf seine erstaunte Frage: „Was machst du denn da?" erhielt er die begeisterte Antwort: „Ich esse Schweinemüsli!"

Das erste **Mutterschaf** diesen Jahres scheint sich dem radikalen Motto der chinesischen „ein Kind" Familienpolitik angeschlossen zu haben. Nur dem weiblichen Part ihres neugeborenen Zwillingspärchens steht sie liebevoll mit ihrer Muttermilch zur Verfügung. Dem Böckchen verweigert sie sich hartnäckig. Da gehen uns die Emanzipationsbestrebungen doch eindeutig zu weit! Wenn *Lukas* und *Paul* sich nicht alle 2 Stunden abwechselnd bemühten, das ignorante Muttertier zur Räson zu bringen, müsste das süße Wollknäuel glatt verhungern. Nicht nur Milch und Quark - Solidarität macht stark!

Derweil sorgt sich unsere **Muttersau** *Mira* rührend um ihre zehn neugeborenen kleinen schwarz-weißen Bentheimerlein. Freundlich grunzend begrüßt sie ihre Kleinen, baut mit ihrer Schnauze ein weiches warmes Strohkuschelnest, legt sich vorsichtig zur Seite, um ihre weiche, warme Milchquelle großzügig fließen zu lassen.

Eine erschütternde Nachricht kommt aus den USA: im Jahr 2020, also in zehn Jahren, könnte jedes zweite Kind in den USA mit **Autismus** geboren werden. Ende Oktober präsentierte die Ernährungswissenschaftlerin *Seneff* vom renommierten Massachusetts Institute of Technology (MIT) eine 30 Jahres-Studie über den Zusammenhang von Ernährung und Krankheiten. Im Ergebnis stellte sie einen eindeutigen Zusammenhang zwischen dem steigenden Einsatz des Pestizids **Roundup (Glyphosat)** von *Monsanto* auf Feldfrüchten und der Entwicklung von Autismus fest. Glyphosat findet sich mittlerweile in fast allen Lebensmitteln, vor allem bei denen, die mit Soja-Füllmitteln und Maissirup versetzt sind, wie Cola, Fanta, Chips, Müslis und Schokoriegel. Es gelangt auch in die Muttermilch. Wie *Seneffs* Studie ergab, zeigen Kinder mit Autismus Biomarker für überschüssiges Glyphosat. Beispielsweise Zink- und Eisenmangel, niedrige Werte von Serumsulfat, Krampfanfälle und mitochondriale Störungen. 1992 hatte US-Präsident *George W. Bush* dem Glyphosat-Hersteller Monsanto zugesagt, keine unabhängigen staatlichen Sicherheitsüberprüfungen von Roundup **zuzulassen**. Mehr noch: der Monsanto Vizechef *Michael R. Taylor* wurde zum stellvertretenden Kommissar der US-amerikanischen Lebensmittelüberwachungsbehörde FDA (Food and Drug Administration) ernannt.

Einen erleuchtenden Blick auf die wahren Hintergründe und Auswirkungen des geplanten Freibeuterabkommens TTIP ließ unbeabsichtigter Weise der bundesdeutsche Landwirtschaftsminister *Schmidt* nach seiner Rückkehr aus den USA erkennen. Dort ließ er sich von seinem wahren Vorgesetzten, dem US-Landwirtschaftsminister, untertänigst anweisen.

Bei seiner Ankunft schilderte er - bevor er schnell noch eingemerkelt werden konnte - in bedröppelt offener Weise, dass alle **geschützten Herkunftsbezeichnungen** der EU einschließlich Herstellungsweisen selbstverständlich hinfällig würden. Also nach Vertragsabschluss „Schwarzwälder Schinken" aus Texas, „Roquefort" aus Ohio et cetera. Weder die vom Verbraucher gewünschte offene **Kennzeichnung** der tatsächlichen Herkunft und Herstellungsweise, noch der Gentechnikeinsatz soll offen gelegt werden. Der Verbraucher als hilflose Blindschleiche, die sich im Supermarkt an hirnlosen Labeln orientiert, das ist offenbar der Traum der Konzerne. Ach, na ja, so lautet der Kompromiss, man könne eventuell noch weitere Hinweise im Barcode verstecken. Da wird aber die Omi sowas von glücklich sein, dass sie Ihr Handy mit einer speziellen App ausrüsten darf, um sich beim Einkauf informieren zu können. Geht's noch? Das Ministerium für Volksaufklärung und Propaganda der EU hat in höchster Not - Aufklärung droht - ein „EU-TTIP-Team" fett mit Euros ausgerüstet. Denn, so wird im Geheimpapier sorgenvoll geschrieben: „Der immense Widerstand übersteigt die Ressourcen der Abteilung. Die öffentliche Deutungshoheit über TTIP ist der Kommission längst entglitten". (Der Freitag, 8.1.2015) Es stellt sich heraus (da möge der Gott-sei-bei-uns verhindern, dass der Bürger solche Sätze liest): „Ist TTIP samt Investitionsschutz für die Konzerne erst einmal ratifiziert, lässt es sich kaum mehr kündigen. Und selbst wenn das gelingt, können sich Unternehmen noch 20 Jahre lang auf den Investorenschutz berufen, und eine Regierung vor einem privaten Schiedsgericht verklagen, wenn sie ihre Profite schmälert." Die EU musste mittlerweile eingestehen, dass **97 %** aller Stellungnahmen der Bürger, die bei ihr eingegangen sind, eindeutig das so genannte **Freihandelsabkommen ablehnen**. Wenn die Bundesregierung aber eine Politik für die übrig gebliebenen 3 % macht, muss sie sich dann über die Politikverdrossenheit der Bürger wundern?

Da ist es aber toll, wie der Erzengel **Gabriel** den bösen Widerstand seiner Partei, die sich benimmt wie ein widerspenstige Drache, schnell mit lustvoller öffentlicher Selbstkastration der Politik niederkämpft. Merkel und Gabriel scheinen sich schon darauf zu freuen, bei Vertragsabschluss gemeinsam zur Freude über das Ermächtigungsgesetz für das tausendjährige Konzernreich in einem Fackelzug „Seit an Seit" durch das Brandenburger Tor zu marschieren. Nach dieser erfolgreichen Selbstabschaffung der Politik hätten Mutlosigkeit, Nichts-tun und Worthülsen-Stanzerei endlich ihre realistische Basis.

Es gibt aber auch eine andere Wirklichkeit: Die Bauern und Verbraucher Demo in Berlin „**Wir haben es satt**" war ein voller Erfolg. Julia, Andrea, Jana, die vier Kinder, Mitglieder Martin, Martin und Robert und sowie 49.989 andere haben die Teilnehmerzahl des letzten Jahres verdoppelt.

Die Freunde und Förderer der industrialisierten Massentierhaltung kommen aufgrund der aktuellen Berichterstattung über MRSA und **Antibiotika-Missbrauch** schon ein bisschen unter Druck. Auf mehr als 1.700.000 Kilo antibiotische Medizin jährlich wird der aktuelle Verbrauch in der Tiermast geschätzt. Nun wurden aber die Medien von interessierter Seite (von wem wohl?) erfolgreich mit der Zeitungs-Ente gespickt, die Menge sei in den letzten Jahren um über 10 % gesunken. Oh, endlich mal eine gute Nachricht!? Die Fakten: Pharma-Unternehmen haben die Konzentrationen in den ausgelieferten Mitteln erhöht! Das wäre das gleiche, als wenn ich statt 10 Flaschen 5%iges Bier 9 Flaschen 40%igen Whisky zu mir nehme und behaupte, meinen Alkoholkonsum eingeschränkt zu haben. Wie heißt es doch so wahr: „Glaube nie einer Statistik, die du nicht selbst gefälscht hast!"

Unser Leserbrief über die **Vogelgrippe** hat ein interessantes Echo ausgelöst. Der NDR wollte ein Interview. Betroffene Freiland-Geflügelhalter waren begeistert. Denn bislang sei in Deutschland noch kein Fall von Vogelgrippe in der Freilandhaltung aufgetaucht, sondern ausschließlich in Mastanlagen. Die Bundesgeflügelschau im Emsland musste trotzdem abgesagt werden. Ein Anrufer wies darauf hin, dass sich mindestens eine Haltungs-Firma(fia) die Hände gerieben habe. Eine Mastpute bringe derzeit beim Schlachthof nur noch etwa 28 €. Aus der Tierseuchenkasse erhalte er aber für jedes vergaste und weggeworfene Tier 45 € Entschädigung. Das macht nach Adam Riese zum Beispiel bei 30.000 Tieren mal 17 € (45 - 28) mehr als eine halbe Million Euro Zusatzprofit. Da kann man schon mal einen Verdacht auf Vogelgrippe lustvoll äußern nach dem Motto: „Olaf hat Husten. Das darf er nicht. Wir empfehlen: Tierseuchenkasse." Lustig - oder nicht?

Nun reicht es aber. Gott sei Dank haben wir auch im Winter genug **Praktisches** zu tun. Der **Mähdrescher**, der seinen 35. Geburtstag begehen durfte, brauchte ein wenig Zuwendung. Jürgen hat sich um die desolate Elektrik gekümmert. Alle Lampen gehen nun wieder. Die Warnkontakte an den sensiblen Stellen von Schnecken und Elevatoren sagen wieder, was los ist. Die Rutschkupplung vom Schrägförderer wurde repariert (zieht das Mähgut vom Schneidtisch in die Dreschtrommel) defekte Messer wurden ausgetauscht. Haspelzinken erneuert…

Im Januar haben wir unseren diesjährigen **Schweißkurs** in der Werkstatt durchgeführt. Eine Gruppe junger Azubis aus dem vierten landwirtschaftlichen Lehrjahr der Freien Ausbildung aus verschiedenen Ecken Deutschlands, versuchte sich in die Grundlagen der Schweißtechnik einzuarbeiten. Die Geschichte des Schweißens von *Wieland dem Schmied* bei den alten Germanen, über die Technik der Herstellung der kunstvollen Damaszenerklingen bis hin zum Schutzgasschweißen wurde vorgestellt.

Vor allen Dingen standen die Ergebnisse einer sinnvollen **Handlungspäd-agogik** im Mittelpunkt. Die Stahlrahmen von zehn großen Lagerkisten wurden unter der Leitung von *Frank*, *Tobias* und *Johannes* schweißtechnisch und konstruktiv so verstärkt, dass sie nun unbegrenzt hubwagentauglich sind.

In der Werkstatt wartet noch eine inkontinente **Kreiselegge** auf die Erneuerung der Wellendichtringe. Der **Kompoststreuer** braucht eine neue hochfeste Schiffskette für den Schubboden... Und es gibt noch eine Reihe von Projekten, die auf uns warten:

- Die Erneuerung der elektrischen Zuleitung für das zweite Kühlhaus
- Der Bau einer schädlingssicheren Lagermiete
- Die Zuleitungen für den Regenwasserspeicher
- Der überdachte Jungpflanzenanzuchtplatz
- Das neue Pumpsystem für die Bewässerungsanlage
- Die elektrische Klimasteuerung für das Gewächshaus

Und einiges mehr…

Wir freuen uns, dass sich unsere Mitglieder *Gaby, Margret* und *Carola* erfolgreich um die Einrichtung eines **Hofcafés** an den Abholtagen gekümmert haben. Der erste Freitag war schon ein voller Erfolg. *Rosalind* organisiert mittlerweile zuverlässig die Brotausgabe.

Ab Mitte März wird ein neuer Gärtnergeselle, *Helmut Brandl* unser Gartenteam verstärken. Herzlich willkommen.

Wir wünschen euch allen eine fröhliche christliche Ramadan (- Fastenzeit) nach dem eingangs genannten Motto von Woody Allen.

Herzliche Grüße

Euer Team vom CSA-Hof Pente

Wir stecken mitten im Dritten Weltkrieg,
allerdings in einem Krieg auf Raten.
Es gibt Wirtschaftsysteme, die, um überleben zu können,
Krieg führen müssen.
Also produzieren und verkaufen sie Waffen.
So werden die Bilanzen jener Wirtschaftssysteme saniert,
die den Menschen zu Füßen des Götzen Geld opfern.
So etwas geschieht, wenn das Geld wie ein Gott
im Zentrum des Wirtschaftssystem steht -
und nicht die menschliche Person.
Solidarität meint Aufstehen
gegen die zerstörerischen Auswirkungen
des Imperiums des Geldes.

Papst Franziskus

Von Mensch
zu Mensch

Heckler & Koch

Die Kraft des Winters verdampft langsam im Schein der mutiger werdenden Sonne. Zügig eilt sie auf den Frühlingspunkt zu, um von dort den Bauch der schwangeren Erde zu verwöhnen. Die letzten Gletscher, bestehend aus dem Schnee der von emsiger Hand befreiten Gewächshausdächer, schmelzen dahin. Der Schnee hatte in diesem Winter allerdings nur eine kurze Affäre mit Mutter Erde. Und schon stehen neue Liebhaber bereit, die fruchtbare Erde mit neuem Grün zu verschönern. Die Schneeglöckchen lächeln Ihnen dankbar zu und läuten zum Hochzeitstanz. Amsel, Drossel, Fink und Star beginnen, den begeisternden Remix ihres reichen Repertoires zu entfalten.

Die milden Februartage entfalten schon emsige Frühlingsimpulse bei den Florazauberern in Acker und Garten. Kompost muss verteilt werden und der Grubber sorgt für die Störung des unerwünschten Beikrauts, wie Quecken und Disteln. Abertausende junger Salat- und Kohlrabipflanzen werden liebevoll in den krümelfrischen Gewächshausboden gesetzt. Sicherheitshalber liegt im großen Gewächshaus Jürgen mit dem Gasbrenner auf der Lauer, falls Väterchen Frost noch einmal zu stark zuschlagen sollte. Die vorgekeimten Frühkartoffeln warten schon ungeduldig mit in Stimmung kommender Kraft, damit ihre Keime im Boden zu kommenden Knollen heranreifen können.

Unser **Böckchen Theo** springt Dank seiner liebevollen Menschenpflege fröhlich in den Vorfrühling. Mit den Kindern spielt das lustige Wollknäuel wie ein anhängliches Hündchen. Mittlerweile haben sich auch seine Schlappöhrchen vor Lebensfreude steil aufgerichtet, nachdem es den durch seine ignorante Mutter verursachten Babyfrust überstanden hat.

Unser **Kälbchen Samuel** hatte ebenfalls frustvolle Tage mit seiner jungen Mutter zu erleiden. Wenn Lukas und Paul das Mutterrind nicht mit unermüdlicher Ruhe und eiserner Konsequenz auf seine Mutterpflichten hingewiesen und für einige Zeit angebunden hätten, damit der hungrige Sohn an die Michquelle gelangen konnte ... jetzt springt der junge Samuel voller Lebensfreude in seiner wachsenden Herde umher.

Obwohl bislang nirgendwo in Deutschland ein Fall von Vogelgrippe in der Freilandhaltung von Hühnern aufgetaucht ist, wurde in West Niedersachsen die Aufstallungspflicht bis zum Exzess verlängert. Mit zusammen gebissen Zähnen sahen wir uns gezwungen, uns daran zu halten und beruhigten die Federtiere mit leckeren Bio-Gemüseresten. Am 19. Februar kam endlich der Tag der Befreiung von diesem Joch. Zunächst gab es jedoch noch einige Irritationen, ob das ZK des Landkreises es ernst meinte. Denn in der Zeitung und im Internet stand davon nichts. Da schaute der Günter Schabowski des LK nochmal auf seinen Zettel und sagte auf die Frage: „Ab wann gilt es?" „Meiner Meinung nach - unverzüglich!" Da begriff auch das dümmste Huhn: Raus! Vor Freude jauchzend und frohlockend stürmten sie durch die ungesicherten Grenzanlagen ins Freie.

Unsere Schafe haben sich mittlerweile mit einem **Graureiher** zusammen getan und die üppigen Mausressourcen zu nutzen. Die Schafe stören mit ihrem scharfen Klauengetrappel die üppige mäusische Untergrundbewegung. Als friedvolle Vegetarier überlassen sie die polizeilichen Aufgaben dem gezielten Zugriff der Graufräcke. Das Urteil: Auf der Flucht erstochen.

Unsere mächtige Muttersau Mira bekommt auch schon Frühlingsgefühle und saust mit ihren zehn kleinen Fleckerlein und voller Lebensfreude geringelten Schwänzchen um ihren Schweine-bungalow.

Mittlerweile sind wir behördlicherseits aufgefordert worden, den Tierbestand mit Warnschildern zu versehen: Füttern verboten! Betreten des wertvollen Tierbestands verboten! Unsere Mitglieder sind deshalb angehalten, in Zukunft nicht mehr auf die Schweine zu treten, da ja sonst diese mit Schweinsgalopp los sprinten und mit ihren aufstehenden Penter Puszta Reitern höchst gefährliche Manöver vollziehen könnten. Es ist schon erstaunlich, mit welchen Mitteln die Freilandhaltung von Tieren erschwert werden soll, um ja nicht zu zeigen, dass es auch anders geht. Ein Schelm, wer Böses dabei denkt.

Wenn man dagegen sieht, dass es per Verordnung mittlerweile verboten ist, Schweinen die Schwänze abzuschneiden, - dies nur im Notfall per Einzelantrag erlaubt werden kann, aber diese Ausnahmegenehmigung bei 90 % aller Schweine angewandt wird, kommt man ins Grübeln, - und könnte schon über die praktische Anwendung der Begriffe „Ausnahme" und „Regel" in der Massentierhaltung philosophieren.

Acht Bunte Bentheimer dürfen auf Verwandlung und Inkarnation durch unsere Mitglieder hoffen, weil sie ihnen nach ihrem glücklichen Freilandleben einen Berg Fleisch (incl.7 Coburger Füchse) zur Verfügung gestellt haben. Inzwischen wurde bekannt, dass die Nasenschleimhäute von bis zu 77 % der Schweinehalter in Intensivanlagen mit multiresistenten Erregern (MRSA) besiedelt sind (MedVet-Staph). Und das Robert-Koch-Institut fand heraus, dass diese Tierhalter ein 138-fach erhöhtes Risiko haben, wenn sie unmittelbar mit diesen Tieren umgehen. Im Freiland entfällt dieses Risiko weit gehend.

Wie durchtrieben die EU Politik sein kann, wird an einem anderen Beispiel deutlich. Fast jeder kennt die Bilder von der **Lavendelblüte** am Mont Ventoux in der Provence. Das könnte bald vorbei sein. Die neue EU Chemikalienverordnung (Reach) sieht vor, dass, um Gefahren vom Menschen abzuwenden, natürliches Lavendelöl, welches die Bauern seit Jahrtausenden mit handwerklichen Methoden erzeugen, demnächst in teuren Speziallabors untersucht werden muss. Ungeachtet der Größe des Betriebes, darunter noch viele kleine Familienbetriebe, soll diese Untersuchung pro Produkt 100.000 bis 300.000 € kosten. Ein Ruin. Wie haben die Menschen bisher nur dieses hoch gefährliche Erzeugnis überlebt? Dieses jahrtausendealte ätherische Öl wird plötzlich mit einem Industrieprodukt gleichgesetzt. Die sinnlosen Untersuchungskosten können sich aber in wundersamer Weise weiter erhöhen, da jede Pflanze je nach Boden, Wetter, Sonne und Wasser unterschiedliche Stoffzusammensetzungen entwickelt.

Das ist kein Witz. In Frankreich ist seit dem Jahr 2002 der Verkauf von Brennnesseljauche verboten. Seit 2006 verbietet das Gesetz sogar, staatlich nicht genehmigte Pflanzenextrakte, die für das Wachstum, oder den Pflanzenschutz förderlich sind zu besitzen, zu verkaufen, oder zu benutzen. Dazu gehört auch die seit Jahrhunderten mit Erfolg angewandte Brennnesseljauche. Sogar die Verbreitung der Information über deren Herstellung wird mit 75.000 € Strafandrohungen belegt, weil dieses Produkt keine Marktzulassung bekommt. Die Machtübernahme durch das Agribusiness geht voran.

Gleichzeitig steigt der Verbrauch von chemischen Pestiziden permanent. Allein von 2002-2012 wuchs der Inlandsumsatz in Deutschland bei Pestizidwirkstoffen von 34.608 auf 45.527 t an. Ausnahmsweise gelingt mal ein kleiner Erfolg für die Bananenarbeiter des US-Fruchtkonzerns Dole. Der US Konzern wurde juristisch gezwungen, für 1700 durch Pestizidverseuchung erkrankte Arbeiter in Nicaragua eine kleine Entschädigung bezahlen.

Pestizide in der Nahrung, verbunden mit einer industriellen Herstellungsweise führen nach neuen Erkenntnissen zu neuen Krankheiten. Die mikrobiotische Sterilität dieser toten Nahrung kann zu einer autoaggressiven Immunreaktion im Darmtrakt führen. Der Dünndarm kann sich nicht mehr an gesunden Lebensmitteln trainieren. Wie ein Baum, der zu seiner Entwicklung Wind und Sturm braucht, benötigen Körper und Darm Licht, Luft, Bewegung und frische Nahrung, die eine andere Signatur hat als Industriefertigprodukte. Der bisher einzige Weg, die verheerenden Folgen dieser Erkrankung zu lindern, ist die Kottransplantation sich gesund ernährender Menschen.

In der EU gibt es immer noch keine Regelung, geschweige denn ein Verbot der besonders gefährlichen, auf das hormonelle System einwirkenden Pestizide, weil die Lobbyisten es immer wieder geschafft haben, auf die Kommission mit idiotischen Argumenten einzuwirken. Der Lobbyismus scheint eine zunehmend grassierende Seuche zu sein. Allein beim Deutschen Bundestag sind aktuell 2219 Verbände und Interessengruppen akkreditiert. Der ehemalige Staatssekretär Beemelmans wird Geschäftsführer der Berliner Lobby Agentur. Mehr als 2000 Ausweise sind durch die Bundestagsverwaltung für dieses Pack ausgestellt worden, damit es jederzeit auf die Politiker Einfluss nehmen kann. Da hat es ein Kräuterweiblein mit seiner Brennnesseljauche nicht ganz leicht, schon mal präventiv tätig zu werden. Wie heißt es in der Bibel (Joh. 2,16)? „Als Jesus die Händler und die Geldwechsler sitzen sah, trieb er sie mit einer Geißel aus Stricken aus dem Tempel, stieß deren Tische um und verschüttete das Geld der Wechsler mit den Worten: `Macht meines Vaters Haus nicht zum Kaufhaus!´"

Ach, das mit dem Lobbyismus ist für die Konzerne ja noch viel zu umständlich. Warum nicht gleich selbst die Gesetze schreiben? Da hat man beim geplanten Freibeuterabkommen (TTIP) überweise vorgesorgt. Unter dem unverdächtigen Titel „Regulatorische Kooperation" verschaffen sich die Konzerne das verbriefte Recht, künftig direkt an der Gesetzgebung mitzuwirken. Das ergänzt doch super das Recht, die Staaten verklagen zu können, wann immer die Firmen ihre „legitime Erwartungen" auf Profit geschmälert sehen. Sogar Finanzinvestoren sollen das Recht bekommen, den Staat zu verklagen, wenn deren Pleitebanken abgewickelt werden. Bei den wunderbaren Erfahrungen der Spekulanten mit der Politik angesichts der Bankenrettung durch die Bürgerplünderung sind sie erst so richtig auf den Geschmack gekommen.

Ein Banker, ein Bildzeitungsleser und ein Asylbewerber sitzen an einem Tisch. Auf dem Tisch liegen zehn Kekse. Der Banker nimmt sich neun davon und sagt zu dem Bildzeitungsleser: „Paß auf, der Asylbewerber will dir deinen Keks nehmen."

Die Antiagrarmolochsause in Berlin „Wir haben es satt!" hat die Multis und deren klammheimliche und offensichtliche Vertreter ein bisschen beunruhigt. Der Landwirtschaftsminister Schmidt verkündete gleich zur Beruhigung eine Biostrategie für Europa. Was das wohl ist? Unsere Schlingel von Monsanto haben sich da schon was Feines überlegt. Monsanto macht jetzt auf CSA? „climate smart agriculture" heißt das wundervolle Ziel, was sie, wie auch in der Vergangenheit natürlich, verwirklichen wollen. Greenwashing für Gentechnik, Pestizide, Agrarindustrie. Weil sich in diesem Jahr wieder einige 1000 Fachleute, Lobbyisten und Politiker in Paris treffen, um ein neues Klimaabkommen mit verbindlichen Zielen zu vereinbaren, wäre es doch toll, wenn diese Monsanto-CSA als universeller Heilsweg lobbywissenschaftspolitisch abgesegnet wird.

Ansonsten ist unsere Politik ziemlich mit Krieg und Frieden beschäftigt. In Mali wollen Franzosen an das Uran für ihre AKWs. In Afghanistan stehen seltene Erden auf der Wunschliste der Konzerne. Und in der Ukraine locken Fracking-Profite aus den riesigen Schiefergasvorkommen. Stopp! Wir haben die erhabene Moral eingeführt, da braucht man über Rohstoffe und Einflußsphären nicht zu reden. Uns geht es ja nur um Demokratie und Menschenrechte, westliche Werte. Nun wissen wir endlich auch, was die westlichen Werte kosten. 82 Millionen US $, das ist der Preis, den die US-Regierung zwei Psychologen für die Entwicklung und wissenschaftliche Begleitung der Foltertechniken in Guantanamo und anderswo gezahlt haben.

Medial sind einige Hofesmitglieder wieder gut vertreten. Der WestArt Beitrag „Bauer sucht Zukunft" im WDR mit Tobias als Mitstreiter, hat einiges an positiver Resonanz gebracht.

Auch die Sendung mit Annas Band auf den Leverkusener Jazztagen ist super geworden und in der WDR Mediathek zu sehen.

Herzliche Grüße von Eurem CSA Hof in Pente

Die Tiergruppe der 3. Klasse beim Zäune aufbauen für die Schweine

Die Gartengruppe der 3. Klasse

Schweinerei vor dem Präparateturm

Dein Saatbeutel

Laternen hängen am Nachthimmel,
damit dein Auge noch ein Bild der Liebe
Auf deiner seidenen Leinwand malen kann,
Bevor du schläfst.
Worte des Allmächtigen haben dich erreicht
Und ein goldenes Feld in deinem Inneren bestellt.
Wenn dein Begehren sich auf das Wesentliche konzentriert,
Wirst du nur zwei Dinge wählen:
Mehr zu lieben und glücklich zu sein.
Nimm die Töne von der Flöte Hafis´ und mische sie in deinen Saatbeutel.
Und wenn der Mond sagt: „Es ist Zeit zu pflanzen",
Warum nicht tanzen, tanzen und singen?
Hafis

Pralle Knospen künden von der fruchtbaren Potenz des Gartenjahres. Alle Obstbäume hatten Besuch vom Wassertriebfriseur und erhielten einen Formschnitt. Duftige Gartenerde bricht auf und kündet von intensiven unterirdischen Regungen. Gestaltende Hände greifen hinein und umhegen die ersehnten, grünen Pflanzenkinder. Die frischen Saaten erwarten die fruchtbare Feuchte des Lebens, um sich ihrer natürlichen Bestimmung lustvoll hinzugeben.

Der kalte Polarbär konnte mit seinem eisigen Hauch den europäischen Stier wieder nicht in **Winterstarre** versetzten. Ein riesiges Tiefdruckgebiet über dem Atlantik führte auch in diesem Jahr dazu, dass die Polarluft gegen den Uhrzeigersinn von der warmen mexikanischen Golfstromquelle besänftigt wurde. Vom Nordmeer und der Nordsee wurde sie dann als milde kanarische Ferienluft auf den Kontinent gehaucht. Gleichzeitig wurde bitterkalte arktische Luft nach Nordamerika gedrückt und sorgte sogar für eingefrorene Niagarafälle. Mit 10,3 °C Durchschnittstemperatur war 2014 das wärmste Jahr seit Beginn der Wetteraufzeichnung in Deutschland 1881.

Unsere **Frühkartoffeln** konnten wir bereits am 26. Februar pflanzen, ohne dass wir sie sofort wegen Frostgefahr abdecken mussten. Ein Rekord!

Der milde Winter sorgt auch in diesem Jahr für eine frühe **Heuschnupfensaison**. Die Luftverschmutzung bewirkt zusammen mit dem Ozon auf der Oberfläche der Birkenpollen die Bildung von allergieauslösenden Proteinen und Fettsäuren. Diese so besetzten Pollen verwirren das menschliche Immunsystem. Der Zusammenhang zwischen Klimawandel, Verstädterung, Luftverschmutzung und Allergien ist mittlerweile belegt. Die unter Stress leidenden Pflanzen verändern ihre Pollen, um sich selbst zu schützen. Als Leidtragender erscheint der Mensch mit seinen Allergien. Wenn wir genauer in das System Luft, Bäume, Menschen schauen, würden wir auch leicht erkennen, wie der menschliche Geist wesenhaft in der Mitwelt erscheint. Durch die Resonanz von Mensch und Welt wird deutlich, dass Luftverschmutzung und Klimawandel Ausdruck seines Wesens sind. Würden wir anders erkennen, denken, handeln, so könnten wir sehen, dass sich die Bäume fast vergeblich bemühen, einen Ausgleich des Missbrauchs zu versuchen, der vom derzeitigen **Weltbild** des Menschen ausgeht.

Manchmal berichten Mitglieder von den positiven Nebeneffekten einer Mitgliedschaft und der Änderung des Einkaufsverhaltens. Wesentlich **weniger Verpackungsmüll**. Familie Miosga hat die Biotonne ganz abbestellt. Ein gelber Sack fällt nur noch alle zwei Wochen an. Ein Altglaskorb nunmehr vier Wochen. Die Restmülltonne ist auf 10 l geschrumpft und wird nur noch alle 14 Tage geleert.

Im Garten warten kleine **graue Feinschmecker** bereits auf das frische Grün und das zarte Rot unserer **Minimöhrchen,** die *Jürgen* schon mutig im Winter ausgesät hatte. *Anja* ist in der Nachfolge von *Jana* zur Diana, der **Jagdgöttin** im **Mäusekrieg** geworden. Als Ratten- und Mäusebeauftragte ist sie für die tägliche Kontrolle der etwa 100.000 Fallen und ihre Befestigung verantwortlich. Denn der Mäusebussard betrachtet tote Ratten und Mäuse in Fallen als Rationalisierungsmaßnahmes des Menschen zu seinen Gunsten und dankbar entführt er diese samt Opfer.

Vielleicht ist die Fastenzeit Gelegenheit, schlechte Gewohnheiten abzulegen. Jedenfalls haben sich unsere **Hühner** während ihrer Knastphase angewöhnt, an die Eier zu gehen. Vor Langeweile sind sie offenbar darauf gekommen, zu überlegen, wie man die Recyclingidee oder Kreislaufwirtschaft des Hofes perfektionieren könnte. Und sie haben die geniale Idee entwickelt, dass man die gelegten Eier auch gleich wieder aufessen könnte. Da müssen sie wohl etwas völlig falsch verstanden haben. Bei aller Toleranz gegenüber den eigenständigen Denkprozessen unsere Hühner: Wir sahen uns genötigt, zu intervenieren und geeignete Maßnahmen zu ergreifen. Die Kinder von Kinderbauernhof haben Eier ausgeblasen. *Paul* hat sie mit einer pikanten Paste aus scharfem Senf, Feuerpfeffer und Sambal Oleg verfüllt. Nun stellen wir uns vor, dass die schlauen Hühner beim unbotmäßigen Verzehr, wie auf dem Feuerstrahl eines Raketentriebwerks durch die Luft sausen und gezwungen sind, ihre glühenden Hintern durch Kamikaze-Flug in den Hofteich zischend abzukühlen. Vor allen wünschen wir, dass sie diese Erfahrung generalisieren, allen Genossinnen mitteilen und dieses Vorurteil gegenüber allen künftig gelegten Eiern ausbauen werden. Senfeier für Mitglieder sind vorerst nicht geplant.

Unser **Böckchen** Theo hat sich trotz seiner distanzierten Mutter prächtig entwickelt. Aber seine Anhänglichkeit nimmt problematische Züge an. Sobald er vertraute Hofbewohner, insbesondere Kinder, sieht, saust er rücksichtslos durch den Zaun, ohne sich klarzumachen, dass die Maschenweite zunehmend nicht mehr passt. Theo ist daran erkennbar, dass er einen kleinen, Euro-großen pechschwarzen Fleck an der rechten Seite hat. Gibt es etwa Hinweise auf einen dunklen Fleck in der Vergangenheit seiner Mutter, den sie verdrängen will? Wir wissen es nicht. Aber wer kennt nicht störende, verleugnete Anteile der eigenen Biografie, die man lieber übersehen möchte? Vielleicht sind Schafe auch nur Menschen.

Unsere getigerten „Swatbunten" sind mittlerweile zur Lieblingsbeilage der gehobenen Gastronomie geworden. Es handelt sich um eine jahrhunderte alte regionale Zucht, in der sich die besten Anlagen von angelsächsischen Rassen, wie Berkshire und Tamworth und den weißen Niedersachsen in den **Bunten Bentheimern** trafen. Dabei galt diese Rasse 1970 bereits als ausgestorben. Nur der 87-jährige Bauer Gerd Schulte-Berndt, Isterberg, Grafschaft Bentheim, hatte noch eine kleine Sauenherde. Er machte den Trend zu hochgezüchteten Rassen auf Maximalfleischansatz in kürzester Zeit, auf Kosten von Gesundheit, Robustheit und Qualität, einfach nicht mit. Zwar war das Herdbuch 1963 geschlossen worden und damit die Weiterzucht illegal. Seine Konsequenz aus den Kriegserfahrungen als 17 jähriger war jedoch: „Nie wieder blind Befehlen gehorchen" und „frühzeitig Fehlentwicklungen entgegenzuwirken". So kam es, dass es auch heute noch bei uns getigerte Bentheimer oder auch **Penter Tiger** gibt. Wir mussten nun von Veterinäramt erfahren, dass die **Freilandhaltung von Schweinen** ja so was von gefährlich ist. Bisher glaubten wir immer, dass Landkinder durch ihren frühen Umgang mit Schmöttke und Tieren ein besonders trainiertes und robustes Immunsystem haben. Da ist es ja super, dass wir nun amtlich aufgeklärt und vor uns selbst geschützt werden. Dabei machten auch unsere Schweine ohne die Impferei und flächendeckenden Antibiotikaeinsatz einen durchaus gesunden und fröhlichen Eindruck. Wie man sich doch täuschen kann? Sowas geht ja gar nicht. In klinischen Schutzanzügen müssen wir uns jetzt durch ein amtlich verordnetes Desinfektionsbad auf die frei laufenden Tiere zubewegen. Hoffentlich erschrecken Sie nicht und denken, sie würden von Marsmenschen entführt.

Die **Reparaturarbeiten** in unserer Werkstatt scheinen kein Ende nehmen zu wollen. Kompoststreuer, Ladewagen, Kreiselegge, Pflanzmaschine, Schlepperhydraulik, alles alte Schätzchen, warten auf Reparatur und Pflege. Auch der gute alte Emma-N (**MAN**), der im Garten arbeiten möchte, sieht uns schon seit langer Zeit mit glasigen Augen an und wartet im geduldig im Vorzimmer der Praxis. Aber es kann dauern, bis wir ihn in die Gänge bringen und bis dahin darf er nur vorsichtig bewegt werden. Denn er schaltet gleichzeitig in den Vorwärts- und Rückwärtsgang. Und das kann unbehandelt zu Zahnschmerzen oder sogar zu einer herzzerreißenden Schizophrenie führen. Ja, entscheiden, wohin man will, Prioritäten setzen, ist schon eine große Herausforderung, auch für einen alten Traktor. Der gute alte **Kramer** hat schicksalsergeben seine Hydraulikarme in den Schoß gelegt und wartet apathisch auf die Dinge, die an ihm geschehen sollen.

Einen Vorgeschmack dessen, was durch das so genannte **Freihandelsabkommen** an Machtübernahme durch die internationalen Konzerne möglich ist, durften wir den letzten Tagen selbst erleben. Der Konzern **Google** hat, ohne uns auch nur zu fragen, die letzten Bücher mit den „Nachrichten vom Hof" kopiert und ins Internet gestellt. Man könnte nun denken: ist ja auch nicht schlecht. Aber wir wissen am Beispiel **Facebook**, dass jeder, der zum Beispiel eigene Fotos darin veröffentlicht, sämtliche Rechte an ihnen verliert. Analog könnte Google uns demnächst verbieten, unsere eigenen Texte und Bilder weiter zu nutzen, da wir ja durch den Raub von Google unsere Rechte verloren hätten. Nach Auskunft unseres Anwalts hat ein US-amerikanisches Gericht bereits in dieser Richtung grundsätzlich für Google entschieden. Wir haben schon Erfahrungen mit dem Pumakonzern gemacht. Unser Hoflogo mit dem springenden Schwein darf nicht mehr im Internet auf zum Beispiel T-Shirts, angeboten werden, weil **Puma** sich mittlerweile alle Rechte auf Logos mit springenden Tieren gesichert hat.

Recht und Gesetz scheinen auf dem Weg zurück ins **Mittelalter** zu sein. Ist man reich und mächtig genug, „systemrelevant" heißt es heute, braucht man sich an bestehende Gesetze offenbar nicht mehr zu halten, kann die Bürger ungestraft ausplündern, sich Patente an Saatgut und Lebewesen sichern und für sich selbst Gesetze machen. 85 Milliardäre besitzen mittlerweile so viel Reichtum wie die ärmere Hälfte unseres Planeten insgesamt. Wen schert es, dass die Großbank HSBC gerade dabei ertappt wurde, wie sie Superreichen und Verbrechern bei der systematischen Steuerhinterziehung geholfen hat? 3000 Milliarden dunkle Gelder wurden jährlich gewaschen und versteckt, 3 000 000 000 000 Dollar. Niemand von der Bank wurde bislang zur Rechenschaft gezogen. Darüber hinaus verursachen die Superreichen durch wilde Spekulation an Zockerbanken erst die Finanzkrisen. Dann werden sie auf Kosten der Steuerzahler gerettet. Zahlen aber selbst, mit Unterstützung der Politik, kaum noch Steuern. Die Schweiz, aber vor allem Großbritannien, sind für die neuesten Steuerhinterziehungen zuständig. Großbritanniens Finanzminister *Osborne* und US Justizminister *Lynch* stehen zur Wahl, bzw. müssen bestätigt werden. Es ist eine gute Zeit zu protestieren (secure.avaaz.org). Wie schrieb doch der führende US Geostratege *Zbignew Brezinski* offen und dreist in seinem Buch: „Die einzige Weltmacht. Amerikas Strategie der Vorherrschaft". Es ist „schlicht und einfach eine Tatsache, dass Westeuropa und zunehmend auch Mitteleuropa weitgehend ein amerikanisches Protektorat bleiben, dessen alliierte Staaten an Vasallen und Tributpflichtige von einst erinnern". Wenn man das akzeptiert, muss man sich nicht wundern, dass bei TTIP Merkel und Gabriel ihr Mütchen tief in die Hose gerutscht ist.

Das gleiche Phänomen ist derzeit beim **Bundeskartellamt** zu beobachten. Weil es nicht in der Lage ist, die Konzentrationsprozesse der großen Konzerne aufzuhalten, macht es sich jetzt an die Bürger ran. Es untersagt zum Beispiel Energiegenossenschaften und Stadtwerken, ihre regionale Versorgung selbst in die Hand zu nehmen.

Demnächst will es kleinen Landwirten und Waldbauern verbieten, sich zur Vermarktung ihres Holzes zu Waldgenossenschaften zusammenschließen. Denn das seien dann ja unzulässige Monopole, welche die Konkurrenz ausschalten könnten.

Das **Finanzamt** hat uns in den letzten drei Jahren schon zum zweiten Mal mit einer Betriebsprüfung beglückt. Wenn schon nicht bei den Großen, da muss doch wenigstens bei den kleinen Bauern etwas zu holen sein, denn es wäre doch gelacht, wenn man nicht irgendetwas finden würde. Natürlich, da ham wirs: Der schöne Trockenschrank, den *Tobias* aus einem Projekt an die **Landwirtschaft** verkauft hat, darf dort nun nicht die **Nudeln** für unsere Mitglieder trocknen, das ist die **zweite Verarbeitungsstufe**. Die darf steuerlich gesehen nicht in der Landwirtschaft stattfinden. Deshalb muss nun Tobias als Landwirt den Trockner an sich - Tobias als Wirtschaftsgemeinschaft - verkaufen. Allerdings bekommt der Landwirt Tobias von sich nur 10,7 %. Die Differenz dieser Aktion 19 - 10,7 gleich 8,3 % mal 20.000 gleich ca. 1.600 € erbeutet das Finanzamt. (Zum Vergleich: E.on hat für sein Geldgebirge in Luxemburg dank der Beihilfe des

Europajunkers nur insgesamt 1.530 € an Steuern gezahlt.) Gott sei Dank durfte der Trockner an der gleichen Stelle stehen bleiben. Er hat sich nur verwandelt. Transformiert auf eine neue Stufe des Soseins und Daseins. Da sage noch einer, die Verwaltung hat nichts mit Esoterik am Hut. Aber immerhin gibt es dafür eine offizielle Rechnung. Als früher die Truppen von Tilly, Wallenstein, Napoleon und anderen Räubern die Bauern ausplünderten, geschah das ohne Rechnung und Quittung.

Die Prüfstelle der **Landwirtschaftskammer** schrieb nach zwei Jahren Prüfung und Bearbeitungszeit im Dschungel der Bürokratie ebenfalls einen blauen Liebesbrief. Es tut uns nur so leid, dass wir uns nicht der Lage sehen, weder den immensen Aufwand noch die enormen Kosten für den Steuerzahler von solch sinnloser Tätigkeit ausreichend Wert zu schätzen. Unser Vergehen: hier und da zu viel Artenvielfalt durch Flächenabweichung zu Gunsten von Kräutern und Blütenpflanzen. Und sage und schreibe etliche m² Brennnesseln für die wertvolle Brennnesseljauche. Das geht ja gar nicht. In Frankreich gibt es ja schon Strafen für die Anwendung von Brennnesseljauche. Wir werden bereits für den Anbau bestraft. Einige hundert € kostet das.

Nun gut. Dafür zeichnet uns jetzt die UNESCO, die Kulturorganisationen Vereinten Nationen, mit ihrem Preis für den Erhalt der **Artenvielfalt** aus. Das soll am Freitag den 24. April, 15:30 Uhr auf unserem Hof geschehen. Dazu wird der Landrat erscheinen. Alle Mitglieder sind herzlich eingeladen. Leider aber gibt es dafür weder Knete noch Kohle – nur Ehre und Fahne.

Dank der fleißigen und umsichtigen Umtriebe von Mitglied *Jürgen* und Schlosser *Frank* zeigt die alte **Nudelmaschine**, was für Kraft und Leistung in ihr steckt. Die ersten Tests mit Julias Rezepten haben ein vorzügliches Ergebnis gebracht.

Unser Mitglied *Michel* versüßt seinen Vorruhestand mittlerweile durch einen wertvollen wöchentlichen **Werkstatt**-aufräum und Sortier-Einsatz. Das wissen wir alle zu schätzen!

Freie Ausbildung: Lehrlingsgruppe beim Sämaschine abdrehen

Präparatetag: Maya macht die ausgegrabenen Hornmits Hörner sauber

Die Kinder vom Kinderbauernhof haben schon eine Karre voll Hörner ausge-graben

Mai 2015

Gemeinsam

Vergesst nicht
Freunde
wir reisen gemeinsam

besteigen Berge
pflücken Himbeeren
lassen uns tragen
von den vier Winden

vergesst nicht
es ist unsere
gemeinsame Welt
die ungeteilte
ach die geteilte

die uns aufblühen lässt
die uns vernichtet
diese zerrissene
ungeteilte Erde
auf der wir
gemeinsam reisen

Rose Ausländer

Mit ungestümen wilden Windböen, Hagelschlag und Schauerwolken brach sich die Sturm- und Drangzeit des April bahn. Entwurzelte Bäume und umherfliegende Dachziegel legten Zeugnis dieses irrwitzigen Ausbruchs ab, von dem nach und nach nur noch ein laues, harmloses Lüftchen übrig blieb. Endlich, in die Tage gekommen, rücken die Sterne am blaulichten Nachthimmel lieblich funkelnd enger zusammen, dass sich ihre Herzen fast berühren.

Selbst der alte, schon fast tot geglaubte **Kirschbaum** vor dem Eingang will es noch einmal wissen. Wunderschöne weiße **Blüten** zieren nun seinen in die Jahre gekommenen Frack.

Die ersten **Schwalben** kehren aus ihrem Winterurlaub zurück. Auch die übrige **Vogelwelt** mit Migrationshintergrund bereichert den Konzerthimmel. Der erfahrene Heimatnaturforscher *Rolf Hammerschmidt* und sein Kollege *Heinz Düing* haben jetzt regelmäßig mittwochs um 7 Uhr vogelkundliche Führungen angeboten. Am ersten Termin ließen sich mehr als zwei Dutzend Teilnehmende in die Klangwelt von Amsel über Gartenrotschwanz und Goldammer bis Zilpzalp vertraut machen. Die beiden erfahrenen Ornithologen planen eine komplette Bestandsaufnahme der Vogelwelt in unserem Biotop. Wer also Zeit und Lust hat: „Der frühe Vogel fängt den Wurm!" Na, oder?: „Der frühe Vogel kann mich mal." Alternativ, für Risikoscheue: „Der späte Wurm entgeht dem Vogel!"

Lou's **Ferkel** purzeln mittlerweile entdeckerlustig aus ihrer Hütte in den lockenden Frühling und sind stolz auf ihre ersten selbstgewühlten Grasplaggen. *Herkules* und seine fruchtbaren Sauen lassen sich, wohlig grunzend, die noch zarte Sonne auf ihre dicken Bäuche scheinen.

Unsere **Kuh** *Ronja* hat ein kräftiges Räubertöchterchen hervorgebracht. *Ria* ist das Ergebnis eines virtuellen „one day stand" mit einem Fleckviehbullen. *Ronjas* Euter ist so leistungsfähig, dass *Johanna* die erste wertvolle Kolostralmilch gemolken und eingefroren hat, damit wir sie als Vorrat bei künftig möglicherweise schwierigen Mutter-Kalb-Beziehungen einsetzen können.

Fünf unserer fleißigen **Legehennen** haben sich von ihrem gemeinen Hühnervolk verabschiedet und eine eigene WG gegründet. Ob sie zu viel *Simone Beauvoir* gelesen haben, sich von ihren Hähnen zu stark männlich dominiert fühlen, oder ihre eigene sexuelle Emanzipation vorantreiben wollen, wir wissen es nicht.

Die **männliche** Seite der heutigen Landwirtschaft hat es nicht leicht. Eberferkel müssen kastriert werden, Bullenkälbchen sind nichts mehr wert, weil sie keine Milch geben, Hähnchenküken werden gleich geschreddert, vom Schicksal der Drohnen des Bienenvolkes im Frühjahr ganz zu schweigen. Sie müssen brutalst möglich unter der Vorratsdatenspeicherung ihrer Königin leiden. Wir haben angesichts dieser Schicksalslage bei unserem aktuellen Besuch im

EU Parlament in Brüssel den Abgeordneten *Martin Sonneborn* aufgefordert, sich künftig stärker für die Männchenrechte einzusetzen.

Unsere wachsende rote **Schafherde** konnte ohne Winterpause einen grünen Kleegrasacker nach dem anderen genießen. Der neue Schwarzkopfbock soll den Tieren zu einem etwas reichhaltigeren Fleischansatz verhelfen. Nicht zu verwechseln mit dem schwergewichtigen General *Norman Schwarzkopf* von der Armee mit dem Weißkopfseeadler am Revers.

Von den üppigen Aprilsturzbächen hatten wir uns wenigstens erhofft, dass sie unsere überbordende **Mäuseplage** in einer Sintflut vernichten. Pustekuchen. Wie verhext haben sie wohl über Nacht Flöße, Rettungsinseln und Paddelboote gekapert und sich wie einst Noah am Berg Ararat gerettet. Dabei waren die Frühkartoffeln mit ihrem weitläufigen unterirdischen Mäusebunkersystem komplett überflutet. Natürlich könnten wir uns geehrt fühlen, dass die Tierwelt komplett auf Bio steht und die Nachbarflächen voller Verachtung schmähen. Aber zu viel ist zu viel. Mittlerweile haben wir mit dem Mut der Verzweiflung sogar über die Auswilderung eines Wolfsrudels nachgedacht. Aber vielleicht sind Katzen, Dackel und Mauswiesel besser geeignet… weil sonst unsere fleißige Hühnerherde und die Frühlingslammpracht nachhaltig leiden könnte.

Während der ersten Apriltage wären selbst Bergepanzer der Bundeswehr im Acker versunken. Dann aber kam die Sonne. Und alle Hofesleute ackern, säen und pflanzen was das Zeug hält. Der frische Duft der **Frühlingsgartenerde** betört die Sinne. Die ersten Salat- und Kohlpflanzen stehen im Freiland. In den Gewächshäusern wurde Platz für die vorgezogenen Tomaten und Gurken geschafft. Die ersten Kohlrabis werden schnell dicker. Und wir freuen uns schon auf den bald üppigeren Frühlingsgemüsezettel.

Das **Bio gesünder** ist, hat jetzt Professor *Carlo Leifert*, an der Universität Newcastle (UK) für ökologischen Landbau zuständig, in einer umfassenden Studie nachgewiesen. Im Vergleich zu konventionellem stellte er in Bioobst und Biogemüse einen erhöhten Gehalt von Antioxidantien und einen wesentlich niedrigeren Anteil von Nitrat, Nitrit und Gesamtstickstoff fest. Konventionell angebaute Pflanzen konzentrieren sich auf ihre Primärstoffwechsel (wachsen), da sie mit Stickstoffverbindungen übersättigt sind. Ökopflanzen haben dagegen einen sehr aktiven Sekundärstoffwechsel, der vor allem Geschmacksstoffe und Antioxidantien entwickelt. Konventionelle pflanzliche Produkte haben darüber hinaus einen erhöhten Cadmiumgehalt, der wahrscheinlich aus der zusätzlichen Phosphatdüngung resultiert.

Lucio Cavazzoni, Präsident der Organisation *Alce Nero*, bezeichnete auf einem Seminar bei Bioland Südtirol die konventionelle Landwirtschaft als landwirtschaftlichen Primitivismus und empfahl den Begriff „konsumieren" durch den Begriff „nutznießen" zu ersetzen. Die **Bioindustrie** sei **keine Alternative**. Die Verbraucher müssten direkt beteiligt werden, um einer Anonymität auch im Biobereich zu begegnen. Anonymität führe immer zu Verantwortungslosigkeit, zu sozialen Missständen und zu Preisverfall, verändere aber nie die Gesellschaft zum Positiven.

In der Februarausgabe der Wissenschaftszeitschrift *Nature* ist zu lesen, dass die EU der Nahrungsindustrie Emulgatoren erlaubt, die **Darmentzündungen** und **Fettleibigkeit** hervorrufen (Carboxylmethylzellulose und Polysorbat 80). Diese Chemikalien werden zum Beispiel verwendet, um mehr Wasser in der Margarine unterzubringen, die Textur von Eiscreme zu verbessern und in Backwaren, Schokolade oder Wurst das Fett gleichmäßig zu binden.

Mit der personellen Besetzung des Bundesamtes für **Risikobewertung** (BfR) wurde offensichtlich der "Bock zum Gärtner" gemacht. Mittlerweile scheint es eindeutig nachweisbar zu sein, dass in Gegenden mit ausgeprägter Massentierhaltung verstärkt multiresistente Keime verbreitet werden, die den Menschen infizieren (LA-MRSA). Aber das BfR wiegelt ab: "nach heutigem Kenntnisstand… geringe Bedeutung" (NOZ v. 9.5.2015).

Dazu kommt, "dass die heute verwendeten Zuchtlinien der Tierhaltung **nicht** so **widerstandsfähig** sind, dass sie ohne Antibiotika auskommen", so der Tierarzt und Generalsekretär der Deutschen Bundesstiftung Umwelt, Dr. Bottermann.

Auch beim Agrargift **Glyphosat** sieht das BfR keinen Handlungsbedarf. Obwohl die Internationale Agentur für Krebsforschung (IACR) aktuell dieses tückische Pestizid in die zweithöchste **Gefahrenklasse** (von fünf) für Krebsrisiken eingruppiert hat (TAZ v. 20.3.2015). Das ist insofern bedenklich, weil Deutschland maßgeblich die Stellungnahme der EU für dieses Gift vorbereiten soll, welche über die künftige weitere Zulassung entscheidet. Ach wie sang noch die unvergessene *Marlene Dietrich* so schön: „Ich bin von Kopf bis Fuß auf Lüge eingestellt. Das ist meine Welt und sonst gar nichts". Oder etwas braver: „denn mit sehenden Augen sehen sie nicht, und mit hörenden Ohren hören Sie nicht: denn sie verstehen es nicht." (*Matthäus*, Kap. 13)

Dagegen ist das Umweltbundesamt scheinbar noch nicht vom agrarindustriellen Tunnelblick verseucht. Es wies kürzlich nach, dass sich die Bundesregierung beim **Ammoniakausstoß**, der weitgehend durch die Intensivlandwirtschaft verursacht wird, um über 100.000 t schön verrechnet hat. Ammoniak trägt zur Versauerung des Bodens und der Gewässer bei, fördert also das Artensterben und beeinträchtigt das Bodenleben.

Wir dürfen uns über unsere **Auszeichnung** der **UNESCO** für die Erhaltung der **Artenvielfalt** freuen. Der Landrat *Lübbersmann* zeigte sich beeindruckt vom CSA-Projekt und gratulierte allen Mitgliedern zu dieser Auszeichnung. CSA-Mitglied und Bürgermeister der Stadt Bramsche, *Heiner Pahlmann,* dankte allen Anwesenden dafür, dass es erfolgreich gelungen sei, ein solches Gemeinschaftsprojekt auf die Beine zu stellen.

Wir freuen uns auch, dass unser Mitgestalter *Lukas* im Rahmen seines Meisterkurses von der Landwirtschaftskammer Niedersachsen in den **Landesfachausschuss** für den **Ökolandbau** berufen worden ist.

Schon jetzt weisen wir darauf hin: am 24. Juni, 19:30 Uhr veranstalten wir auf dem Hof eine Diskussion zum Thema: "**Wie gestalten wir die zukünftige Agrarpolitik in Niedersachsen?**" Zugesagt haben *Christian Meier*, (niedersächsischer Minister für Ernährung, Landwirtschaft und Verbraucherschutz und Landtagsabgeordneter der Grünen), sowie *Frank Oesterhelweg*, (CDU Landtagsabgeordneter und Vorsitzender des Landtagsausschusses für Ernährung, Landwirtschaft, Verbraucherschutz und Landesentwicklung). Wir laden alle Mitglieder, Freunde und Bekannte zu dieser Veranstaltung herzlich ein.

Die erste Probe ist bestanden. Dank der fleißigen und umtriebigen Hände von Mitglied *Jürgen* und Schlosser *Frank* zeigt die alte **Nudelmaschine**, welche Power in ihr steckt. Die ersten Rückmeldungen unserer Testportionen sind ermutigend. Das Mehl wurde übrigens mit einer alten **Steinmühle** von *Cramer* gemahlen, die 1930 von der Deutschen Landwirtschaftsgesellschaft mit dem ersten Preis ausgezeichnet worden ist.

Herzliche Grüße vom Hof
Euer CSA-Team

PS: Immer wieder ist es ermutigend und bereichernd zu hören, was unsere **Mitglieder** an dem gemeinsamen Hofprojekt schätzen. Hier eine Auswahl aus den Gesprächen:

*„Es ist immer wieder eine Freude, auf den Hof zu kommen. Unsere **Kinder** sind **begeistert** von den **Tieren**, die hier noch im Freien spielen dürfen.“*

*„Ich hab das **gute Gefühl,** dass ich durch die Mitgliedschaft leckeres, gesundes, pestizidfreies Gemüse bekomme. Zusätzlich tue ich gleichzeitig etwas für die Vielfalt der Natur, die Vogelwelt, das Bodenleben, die Artenvielfalt, die Trinkwasserqualität.“*

*„Es **schmeckt** schon Spitze, man spürt, dass die Tiere und Pflanzen **Zeit** bekommen zum Leben und zum Entfalten. Kein treibender Stickstoff, kein zu viel an Wasser setzt sie unter Druck.“*

*„Das Essen bereitet mir jetzt mehr Freude, weil ich weiß, mit jedem Schnitzel, was ich von Hof bekomme, ermögliche ich einem Ferkel ein **glückliches Schweineleben.**“*

*„Ich habe gelernt, dass ich unglaubliche Möglichkeiten mit den Variationen der regionalen, saisonalen Lebensmittel habe. Es kommt ja nicht auf die Kalorien an, sondern auf das herrliche **Geschmackserlebnis** ohne chemische Zusatzstoffe, das manche Menschen offensichtlich schon verloren haben.“*

*„Die Mitgliedschaft ist mein persönlicher Beitrag für eine gesunde Landwirtschaft, eine **lebenswerte Natur,** für eine bäuerliche behütende Betriebsform, und ein Hoffnungszeichen gegen die Agrarmultis.“*

*„Jedes Stück Fleisch, das wir essen, fördert entweder das Leid der Tiere, oder ihre **Lebensfreude,** je nachdem woher es kommt.“*

*„Unsere Kinder lernen jetzt so viel über die wirklich wichtigen und spannenden **Lebenszusammenhänge.** Sie kommen entspannt und erzählfreudig zurück, anstatt mit elektronischen Ablenkungsspielchen am wirklichen Leben vorbei zu vegetieren.“*

„Ich glaube, wir **sparen** trotz der Abholfahrt noch eine Menge Energie. So mancher Zoo- und Zirkusbesuch wird komplett ersetzt.“
„Ich habe die **Nase** so **voll** von diesem Glyphosat im Essen, Nitrat im Grundwasser, MRSA Keimen im Blut, Tierquälerei in Massentierställen. Ich wüsste gar, nicht wohin mit meinem Frust, wenn es euch nicht gäbe. Danke!“

Jahreshauptversammlung

<u>Sie spürte die Liebe</u>

Wie
Konnte die Rose
Je ihr Herz öffnen

Und dieser Welt
All ihre Schönheit
Schenken?

Sie spürte die Ermutigung des Lichts,
Das sie liebend umfing.

Sonst
Blieben wir alle
Zu
Erschrocken

Hafis

Grüngoldene sonnendurchleuchtete Lichtfäden durchblinzeln die noch zarten Blättergestalten von Büschen und Bäumen. Das lichtblaue Band der linden Lüfte trägt die Stimmenwelt der Vögel in den aufsteigenden Morgenhimmel. Im hellen Sonnenglanz schwirren die fleißigen Bienen in ein Farbenmeer, wälzen sich lustvoll im prachtvollen Blütenstaub, schnuppern neugierig an den sich bereitwillig öffnenden Blütenkelchen, lassen sich verführen von der sinnenfreudigen Duftwelt und laben sich an der süßen Kost des Nektars. Dabei legt ein Bienenvolk jährlich rund 3 Milliarden Starts und Landungen hin, sammelt rund 500 kg Nektar und mehr als 30 kg Blütenstaub. Bei 0, 1 g Körpergewicht kann eine **Biene** die Hälfte seines Eigengewichts in Form von Nektar und etwa ein Drittel des Eigengewichts in Form von Blütenstaub, den sogenannten Pollenhöschen, transportieren. Bei einem einzigen Sammelflug von etwa 30-45 min besucht die Biene zwischen 150-400 Einzelblüten. Bei etwa 20 Millionen Einzelblütenbesuchen und etwa 40.000 Flugstunden werden rund 3 kg Nektar gewonnen. Daraus bereiten die Stockbienen etwa 1 kg Honig.

Rudolf Steiner sagte einmal: „Der **Honig** ist etwas so Wertvolles, dass man ihn überhaupt nicht bezahlen kann." Natürlich kann man das prinzipiell auf alle Naturprodukte und Naturprozesse beziehen. Eigentlich sind sie nicht bezahlbar, sondern ein Geschenk. Was bezahlt wird, wenn es denn gerecht zugeht, bezieht sich höchstens auf die Leistung der Menschen, die sie nutzbar machen. Und darauf, dass es sich Menschen leisten können, die Ergebnisse der Naturprozesse zu genießen.

Unsere treuen Hof-**Schwalben** unterlassen es auch in diesem Frühjahr nicht, ihren geschätzten Beitrag zu leisten. Die Rauchschwalben haben ihre alten Nester, die sie bis zu sieben Jahre lang nutzen, gesäubert. Und draußen unter Dachrinnen und Sparren versuchen die Mehlschwalben ihre neuen Baukunstwerke aus jeweils bis zu 1500 Klümpchen aus Schlammerde und Ton sturmsicher zu konstruieren. Nach dieser Arbeit widmen sie sich mit großem Fleiß dem Aufziehen ihrer Jungen. Dafür müssen etwa 100.000 Fliegen und Mücken in akrobatischer Flugjagd erbeutet werden. Das sind über 1 kg Insekten, die durch diese Jäger unschädlich gemacht werden.

Als **Landwirte** und **Gärtner** können wir diese **Naturprozesse** sich nicht völlig selbst überlassen. So wurde ein Teil unseres frisch ausgesäten Brotweizens ein Opfer von Hasen, Fasanen und Rabenvögeln. Streng und konsequent frönten sie beim Verzehr unserer köstlichen Weizensprossen ihrer veganen Lebensweise. Im letzten Jahr hatten sie sich schon zu unserem Leidwesen und zur Freude der benachbarten Jäger intensiv unseren Maissprossen gewidmet. Da wir unsere Saaten nicht mit Gift behandeln, hat *Lukas* eine neue Idee ausprobiert. Der Mais wurde in einer alten Betonmischmaschine gründlich mit Buchenholzteer behandelt und anschließend, damit er nicht verklebt, mit Holzasche aus unserer Hackschnitzelheizung eingepudert. Die Maiskörner duften nun wie der heiße Atem eines Kettenrauchers. Hoffentlich verekelt dieses Gebräu zuverlässig unsere Plagegeister.

Auch in den **Gewächshäusern** versuchen wir die Natur mit sich selbst zu überlisten. Blattläuse, die nur auf einkeimblättrigen Pflanzen leben (Gräser, Getreide), werden von *Helmut* in Kisten mit Weizensprossen gezüchtet. In diese Blattläuse legen die Schlupfwespen ihre Eier hinein und vermehren sich dann so stark, dass sie sich anschließend zu unserer Freude, aber zur Plage anderer saugenden Insekten entwickeln. Daneben setzen unsere Gärtner noch Raubmilben ein, die hoffentlich fette Beute machen.

Bio-Landbau erfordert eine neue Art von Intelligenz, der Naturbeobachtung, des Hinschauens und der praktischen Forschung. So hat zum Beispiel kürzlich *Hans-Rudolf Forrer* von dem schweizerischen Institut Agroscope herausgefunden, dass Fusarium-Pilze, die zu den wichtigsten Krankheitserregern im Getreidebau zählen, auf ungefährliche Weise besser mit natürlichen Elixieren als mit Agrarchemie bekämpft werden können. Weil die Mykotoxine, die diese Pilze produzieren, bei Menschen Immunschwächen und Fruchtbarkeitsstörung hervorrufen können, ist es wichtig, eine wirksame Medizin zu entwickeln. Zu Beginn der Blüte setzte er zerkleinerte Faulbaumrinde als Pflanzenstärkungsmittel ein und kurz vor der Pilzinfektion natürliche Tannine und das Mehl der chinesischen Galle als höchst erfolgreiches Gegenmittel gegen den Schadpilz. Diese Form ergibt eine harmonischere Symphonie als der dissonante G-Dur Dreiklang von Gift, Gentechnik und Geld.

Unsere **Mäuseplage** hat sich merklich reduziert. Wahrscheinlich haben sie sich so an unseren Kohl-Jungpflanzen überfressen, dass sie Blähungen bekamen, einfach explodiert sind und die Druckwellen in den Mauserlöchern die restlichen Tiere so in Angst und Schrecken versetzt haben, dass sie geflüchtet sind. Oder, so lautet eine andere Hypothese, sie haben sich über einen Prozess der Metamorphose oder Transmutation in **Nacktschnecken** verwandelt.

Unsere fünfköpfige **Hühner** WG hat sich mittlerweile vollständig von ihrem Volk abgewandt. Mehrfach haben sie sich in jüngster Zeit über die Ausbildungsplatzsituation in unserer männerdominierten Werkstatt informiert. Allerdings konnten wir ihnen keine große Hoffnung machen, da wir keine passenden Schweißerbrillen für die Hühneraugen auftreiben konnten und auch die Brandgefahr aufgrund ihres Federkleides nicht zu unterschätzen ist. Mittlerweile legen sie ihre Eier in einen alten Bollerwagen oder in einen Fahrrad-Kinderanhänger. Ob sie darauf hoffen, ihren Kindern eine bessere Zukunft in der Toskana oder anderswo zu ermöglichen, hat sich uns bislang noch nicht erschlossen.

Wir hatten schon überlegt, eine andere Hühnerrasse zu beschaffen. In der DDR wurde eine spezielle Sorte entwickelt, deren Rechte aufgrund ihres Untergangs abgelaufen sind. Das könnte interessant sein für die Biobetriebe. Vielleicht ist deren Disziplin auch noch besser und es sind weniger Eskapaden zu befürchten. Allerdings wissen wir nicht, ob sie in Camouflage-Uniformen der Nationalen Volksarmee auftreten und in preußischem Stechschritt zur Eiablage marschieren würden.

Unsere *Swatje*, das ist die **Sau** mit dem schönen dunklen Teint, hat im April 12 allerliebste Ferkel geworfen. Das war ihr wohl zu viel. Zehn Kinder schienen ihr genug zu sein und die zwei schwächsten Ferkel, *Hänsel* und *Gretel*, warf sie einfach hinaus. Aber es kam nicht die böse Hexe, sondern *Paul*. Er legte sie zurück ins Ferkelnest. *Hänsel* konnte gerettet werden.

Im Garten ist nun jeden Tag **Pflanztag**. Zehntausende von Jungpflanzen von über 60 Sorten Gemüse müssen in präzisen Wochensätzen über den ganzen Sommer hinweg gepflanzt, gepflegt, gedüngt, bewässert und schließlich geerntet werden. Da ist es schön, dass etliche Mitglieder bei den Abholtagen geholfen haben, die fast 2000 Spindeln für die Tomaten und Gewächshausgurken zu wickeln. Bislang sind uns dabei noch keine Stichunfälle bekannt geworden, die möglicherweise dazu geführt haben könnten, dass Mitgliederinnen in 100 Jahren als Dornröschen von einem Prinzen wach geküsst werden müssten.

Unser **Kartoffelvorrat** geht langsam zur Neige. Aber die Frühkartoffeln sind schon einige Millimeter groß. Wir sind froh, überhaupt noch welche anbieten zu können, da der Biomarkt komplett leergefegt ist und ägyptische bzw. israelische Frühkartoffeln aufgrund von Qualitätsmängeln nur begrenzt lieferbar sind und die Preise explodieren.

Dabei geht es uns noch gut. Unser Mitglied *Vera* aus Lienen arbeitet ehrenamtlich in der **Flüchtlingshilfe** und lud den Bauern *Georgi* ein, unseren Hof zu besichtigen. Er musste als Mitglied der armenischen Minderheit mit seiner Frau und den vier Kindern seine Heimat in **Ostsyrien** fluchtartig verlassen, weil dort die Opposition die Macht übernommen hat. Er hatte einen 200 ha großen landwirtschaftlichen Betrieb nahe der Türkei und etwa 20 km von der irakischen Grenze entfernt, auf dem er Koriander und Getreide anbaute.

Wie unsozial und kapitalergeben unsere Politik funktioniert, konnte man in der letzten Zeit wie in einem Brennglas an zwei Punkten gleichzeitig deutlich erkennen. Die Bundesregierung verweigert **Griechenland** bis heute die Rückzahlung eines durch die Nazis erpressten Kredits, obwohl sie die Rechtsnachfolgerin ist. Erst wird die Rückzahlung hinausgezögert, ähnlich wie bei der Wiedergutmachung der unvorstellbaren Kriegsschäden, die Deutschland dort angerichtet hat. Man solle warten bis zu einem künftigen Friedensvertrag. So wurde Griechenland bis 1989 nach dem Motto hingehalten: Jetzt sei es noch zu früh. Dieser Friedensvertrag wurde de facto aber anlässlich der Wiedervereinigung mit dem „Zwei plus Vier Vertrag" (beide deutsche Staaten plus die vier Siegermächte) abgeschlossen. Hier wurde das juristische Prinzip des „ätsch-bätsch" innovativ angewandt. Ätsch, ätsch zu früh! Dann plötzlich: bätsch zu spät! Nun hofft wohl die Bundesregierung auf „die wunderbare Welt der Amnesie".

Gleichzeitig wurde bekannt, dass die Bundesregierung das Gesetz zum Ausstieg aus der **Atomenergie** bewusst so schludrig formuliert hat, dass es gleichzeitig die juristische Eintrittskarte der Energiekonzerne für eine Milliarden schwere „Entschädigung" für angeblich entgangenen Gewinn ist. Ein Lobbyist der Atomindustrie, *Gerald Hennenhöfer*, der sich im Umweltministerium als Abteilungsleiter einnistete, wurde von der Bundesregierung federführend mit der Begründung des Atomausstiegs befasst. Das ist die Generalprobe nach dem Motto: „TTIP weiß, was Konzerne wünschen". Wir wissen nicht, ob Dummheit eine natürliche Begabung der Bundesregierung ist. Aber wir wissen: nicht alles was dämlich ist, ist damenhaft. Vielleicht sollten wir der „regulatorischen Kooperation" in TTIP unsere „querulatorische Penetranz" entgegen setzen.

Die Bundesregierung will auch im Bereich der **Gentechnik** mit superfaulen Tricks den Konzernen entgegenkommen. Ein neues Gentechnikverfahren namens RTDS (Rapid Trait Development System) wird von Bundeslandwirtschaftsminister Christian Schmidt (CSU) „nicht als Gentechnik im Sinne des Gentechnikgesetzes" eingestuft, obwohl diese Technik genau den gesetzlichen Kriterien für gentechnische Verfahren entspricht. Das hinter der Tür lauernde Freibeuterabkommen animiert die Politik schon zu vorauseilendem Gehorsam gegenüber den Kapitalinvestoren.

Auch im Bereich des gefährlichen Pestizids **Glyphosat** gibt es weiterhin keine guten Nachrichten. Die Expertin, Frau Professor Dr. Monika Krüger von der Universität Leipzig, zeigte in einer gemeinsamen Veranstaltung in Ladbergen bei Osnabrück beeindruckend die typischen Wirkungen dieses Giftes in Form von Allergien, Unfruchtbarkeit, Autismus, Alzheimer, Fettsucht, Morbus Crohn, Nierenversagen auf. Die von der Bundesregierung für die Risikobewertung beauftragte Bundesanstalt für Risikoforschung (BfR) legt dabei ein besonderes Wissenschaftsverständnis an den Tag. Obwohl die Weltgesundheitsorganisation (WHO) dieses Gift als *wahrscheinlich Krebs erregend* eingestuft hat, kennt die Bundesregierung keinen Grund zur Besorgnis. Die Bundesanstalt nimmt nur Studien zur Kenntnis, die vom Hersteller dieses Giftes, Monsanto, zugelassen werden! Der Trick dabei ist: Nur die unmittelbare Wirkung des Glyphosats wird gemessen, nicht die zwingend notwendigen Beimischungen, die erforderlich sind, damit das Gift von den Pflanzen aufgenommen wird (zum Beispiel Tallowamine). Ohne sie wird das Gift nie ausgebracht. Mit der gleichen Logik könnte man ein Auto als etwas definieren, das keine Räder hat. Bei der anschließenden Geschwindigkeitsmessung kommt man selbst bei Vollgas auf 0 km/h. Nach dieser Theorie könnten wir wohl unsere Kinder mit geladenen Pistolen spielen lassen. Für die Risikobewertung nehmen wir nur den Revolver. Der ist ja an sich ungefährlich. Und die Patrone an sich auch. Für weiteres sind wir nicht zuständig, eine GmbH (Gesellschaft mit beschränkter Haftung). Und diese beschränkten Unwissenschaftler schreiben dann das Gut- nein! Bös-achten für die Bundesregierung.

Aber es gibt noch andere Nachrichten: angeblich will **McDonald** in den USA in seinen Filialen keine gentechnikverseuchten Nahrungsmittel mehr anbieten.

Die niedersächsische Landesregierung hat nicht nur Lob dafür geerntet, dass der **Fleischatlas**, den der Bund für Umwelt und Naturschutz (BUND) herausgegeben hat, in unserem Bundesland im Unterricht eingesetzt werden darf. Darin stehen solche Dinge wie, dass unser „Ernährungsstil Klimawandel und Umweltzerstörung befeuert" und dass die konventionelle Landwirtschaft der Bundesrepublik Deutschland zusätzlich zu den 17 Millionen ha einheimischer landwirtschaftlicher Fläche etwa „5,5 Millionen ha vor allem in Südamerika beansprucht" und dies hauptsächlich zur Futtermittelproduktion für die Mast. Das sind zwar alles offizielle Berechnungen der UNO, aber nicht jeder findet es gut, das öffentlich zu machen. Vielleicht haben wir ja in unserer **Veranstaltung** mit dem niedersächsischen **Landwirtschaftsminister** und seinem **Gegenspieler** von der CDU am 24. Juni die Möglichkeit, Fakten und Alternativen in ruhiger Atmosphäre zu diskutieren.

Auch der Massentierfleischproduzent *Rothkötter* erregt sich fürchterlich, weil in einer von VW unterstützten Ausstellung in der Autostadt Wolfsburg auf vernünftige Ernährungsstile mit einem reduzierten **Fleischverbrauch** hingewiesen wird. Dieser Konzern will künftig als Strafe keine Fahrzeuge mehr von VW beziehen. Vielleicht sollten wir untersuchen, welche Produkte *Rothkötter* erzeugt und entsprechend konsequent handeln. Als Kinder sagten wir früher: Rache ist Blutwurst.

Konsequentes Handeln wird auch von uns verlangt. In Auseinandersetzung mit den Elementen Wasser und Luft kämpft unser Mitglied *Jürgen* gegen den Klimawandel in den Gewächshäusern. Die **Wasserversorgung** wird von ihm auf völlig neue Füße gestellt. Auch die elektronisch gesteuerte **Klimaführung** macht Fortschritte. *Tobias* und *Christoph* haben aus einem Gewächshaus, das mittlerweile abgebrochen ist, buchstäblich in letzter Minute Klimasteuerungsanlagen und Getriebemotoren abgebaut und sichergestellt. Nach unserer Kalkulation haben wir damit etwa 8000 € eingespart. *Jürgen* hat diese alte robuste Technik getestet und festgestellt, dass sie wahrscheinlich noch voll funktionsfähig ist.

Jedes Mitglied kennt die **Ruine vor dem Abholraum** und den Sandsteintorbogen mit Mauerfragmenten. Wir sind auch schon mal mit der Vermutung konfrontiert worden, ob es sich um Relikte aus römischer Zeit handelt oder gar die Therme des Varus gewesen sein könnte.

Glücklicherweise helfen uns gerade die Kinder aus dem Schulprojekt der Sache auf den Grund zu gehen. Steine werden sortiert, Mauern freigelegt. Als Ergebnis werden *Materialien recycelt*, der *Parkplatz erweitert*, ein *komfortabler Gemüsewaschplatz* entsteht und die *Abholmöglichkeiten* für unsere Mitglieder sollen großzügiger gestaltet werden. Vielleicht schaffen wir es gemeinsam mit vielen fleißigen Händen bis zum Herbst sichtbare Ergebnisse konstruiert zu haben.

Wenn wir in diesem Jahr auf eine leckere **Himbeerversorgung** hoffen dürfen, verdanken wir das weitgehend unseren Mitgliedern *Michel* und *Oliver*. Sie haben unermüdlich Stangen aufgestellt und Drähte gespannt, damit sich die Himbeersträucher nun völlig entspannt aufrichten und entfalten können. Danke! - und herzliche Sommergrüße, von eurem Team vom CSA Hof Pente

Hofkonzert

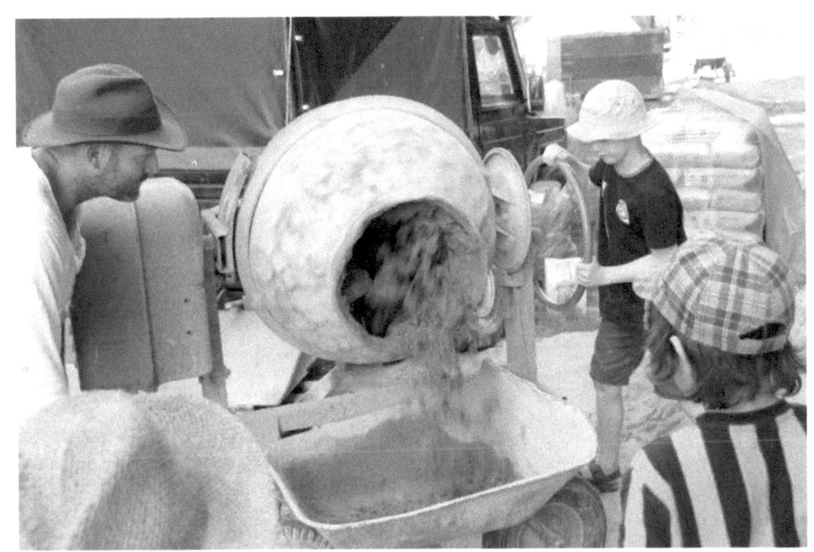

Tobias mischt mit den Kindern Mörtel

Kaum zu bremsen: die Schaffensfreude der Kinder

Laudato si

Der Mensch ist die Erde, die sich bewegt, fühlt, denkt und liebt.
Es ist ein schwerwiegendes Vergehen, sich aus wirtschaftlichen Motiven große
Vorteile zu verschaffen, die der Rest der Menschheit mit den hohen Kosten
einer zerstörten Umwelt bezahlen muss.
Das Stöhnen der Erde vereint sich mit dem Stöhnen der
Verlassenen dieser Welt.
Die Realitätsferne der globalen Entscheidungsträger, die meinen, sie könnten
einfach so weitermachen wie bisher, ist erschreckend.
Das Privateigentum ist nicht absolut unantastbar, im Gegenteil,
die Unterordnung des Privateigentums unter das Gemeinwohl ist die goldene
Regel des Zusammenlebens.
Es muss einen neuen Lebensstil jenseits des exzessiven Konsums geben und eine
ökologische Bekehrung.

Papst Franziskus Juni 2015

Sommer: in der Düfte Landschaft sich bewegend, farblich prächtig sinnerregend, Blütenduft und Klangeszauber, frische Blätter neu und sauber – herrlich (weiblich).

Tausende leckerster leuchtend roter, saftiger Früchte finden ihren Weg über die Hand zum Erdbeermund. Ein überwältigender Fruchtansatz ist der Lohn der Erdbeerpflege.

Wie kommt der wundervolle individuelle Geschmack der **Erdbeeren** zu Stande? Der Ökologe *Björn Klatt* hat herausgefunden, dass drei verschiedene Bestäubungsarten zu drei grundsätzlich verschiedenen Ergebnissen führen. Die Selbstbestäubung, der Pollentransport von Pflanze zu Pflanze durch den Wind und der Königsweg, durch Insekten: Wildbienen, Honigbienen, Hummeln. Der letzte Weg, die Vermittlung der Befruchtung durch die Tierwelt führt zu den köstlichsten und individuell besten Ergebnissen. So haben auch die Ackerwildkräuter, die diesen Insekten in unserem Garten Nahrung bieten, ihren kulinarisch bereichernden Sinn.

Wenn der Blick in unseren **Obstgarten** nicht völlig täuscht, dürfte es im kommenden Herbst kaum eine Eva geben, die ihren Adam nicht paradiesisch verführen könnte.

Die **Bienen** haben in diesem Frühjahr ihr Bestes gegeben. Bei der ersten Ernte konnten 70 kg Honig gewonnen werden. Mitte Juni waren es dann noch einmal 80 Kilo. Obwohl die Bienen blütenstetig sind, gibt es weder Erdbeerblütenhonig noch Bachblütenhonig, sondern eine wunderschöne Komposition, welche die Nuancen unseres heimischen Blütenzaubers widerspiegelt.

Aber diese unerbittliche Sonne. „Wunderbares Biergartenwetter" frohlockt der Wetterfrosch aus dem Lautsprecher, den man fast vor Zorn auf den Fußboden knallen möchte, wenn man an die unter der **Trockenheit** leidenden Feldfrüchte denkt. Da lohnt es sich fast, die Radieschen von unten anzuschauen. Bis zu 1,20m tief in den Boden gehen die Wurzeln, um das kostbare Nass zu erreichen. Und eine Roggenpflanze kann sogar eine bis zu 600 km lange Feinwurzelmasse bilden.

Die vorbildlich gepflegten **Gewächshäuser** sind prall gefüllt mit künftigen Genüssen. Erste aromatische Gurkenchlängeln sich schon auf den Frühstückstischen. Tomatenstauden winden sich prall an den Hängeschnüren. Der frische Blumenkohl und der Broccoli bereichern die Palette auf dem Acker.

Die **Frühkartoffeln** haben sich allerdings wegen der Trockenheit einen Wachstumsstopp verordnet. Die ersten schwarz-gelben Kartoffelkäfer bilden eine bedrohliche Koalition zum gemeinsamen Abfressen der grünen Blätter.

Das Ergebnis der diesjährigen **Heuernte** war sehr mager. Es fehlte einfach das Wasser zu den großen Wachstumsschüben im Mai und Juni. Jetzt wartet das **Sommergetreide** blätterringend um Labung in der staubigen Ackerwüste. Scheinbar war die Vogelabwehrbeizung mit Holzteer beim **Mais** erfolgreich. Die Vogelwelt ekelte sich und nahm Abstand vom Saatraub. Wenn wir auch kein Maisopotamien anstreben, so ist die ertragreiche Kolbenpflanze als Futterbeimischung für unsere Hühnerschar doch ein reiner Genuss.

Mittlerweile hat der Ornithologe *Rolf Hammerschmidt* auf unserem Hof mehr als 50 **Vogelarten** entdeckt. Unsere Schleiereule hat fünf Vogelbabys bekommen. Zunehmend distanzlos besiedeln **Tiere** die menschlichen Reviere. *Frank* hat neulich während eines Transports in der aufgewickelten Plane unseres dreiachsigen Anhängers fünf blinde Passagiere, frisch geschlüpfte Singvögel, entdeckt. Sehnsüchtig wurden sie nach der Rückfahrt von ihren glücklichen Eltern erwartet. *Martin* entdeckte in seinen Stiefeln gerade noch rechtzeitig ein schon mit Eiern bestiftetes **Hornissennest**.

Zum Glück haben wir ja in mancher Hinsicht mittlerweile eine lange **Leitung**. Dank *Jürgens* Initiative haben die Tierwelten des Hofes in ihren Apartments nun zum großen Teil einen Wasser- und Stromanschluss bekommen. Sogar ohne die technische Hilfe von Gazprom ist es *Lukas* und *Paul* gelungen, die Zufahrtswege zu untertunneln. Das elendige, zeitraubende Schleppen von Wasser und Batterien wird nun zunehmend dem sanften Fluss unserer langen Leitungen überlassen. Bei diesem herrlichen Sommerwetter dösen die Schweine versonnen vor ihrem mobilen *chill out recreation home*. Manche spielen mit flutschenden Steinchen im Maul, wie ein cooler High Noon Cowboy. Sie räkeln sich unter dem Sonnenschirm, oder kippen ihre Tröge um, damit sie sich im Wasser zu Schlammkrokodilen verwandeln können.

Leider führt die Trockenheit auch dazu, dass unsere kleinen **Ferkel** keine beeindruckenden Erfahrungen mit dem Elektrozaun machen können. Durch den trockenen Boden, in Verbindung mit ihren zusätzlich isolierenden Hornpantöffelchen reichen selbst 5000 V am neugierigen Schnäuzchen nicht, um einen effektiven Erdschluss herbeizuführen. Dann muss schon zur Freude der Schweinebande der Regner aufgestellt werden.

Lukas hat für die Absetzferkel trotz unseres Mottos: „Niemand hat die Absicht eine Mauer zu errichten" eine totale Holzplattenumzäunung errichtet, damit nicht die angrenzenden Broccoli- und Blumenkohlpflanzen zum Selbsternteprojekt der Rüsseltiere werden. Die jeweils komplette Elf von *Swatje* und *Lieschen* hatten Gelegenheit, unter Aufsicht ihrer Trainerinnen ihr wildes Foulspiel mit Rempeleien, Umwerfen und Purzelbäumen einzuüben. Dabei wurde durch geschlechtergemischte MannFrau-Schaften (MFS) von *Swatje* (8m&3w) und *Lieschen* (3m&8w), ein Gendermainstreaming praktiziert, von der die FIFA nur träumen kann. Die aufgeregten Presseberichte der letzten Zeit deuten ja sowieso auf das baldige Ende der Fußballwelt hin. Nun haben wir einfach beschlossen, die FIFA zu übernehmen. Die neue FIFA- (Firlefanz) Pentertaining-Gruppe hat die TV (Totales Vergnügen)-Rechte exklusiv unseren Mitgliedern im FIFA (Firlefanz Fun Action) Programm einschließlich der Fern- und Nahsehrechte eingeräumt, um mafiöse Schweinerein von Anfang an in offensichtliche Schweinereien zu transformieren. Das wird den *Blatter Sepp* in seinem Frankenschober in den Schweizer Geldgebirgen zwar sicherlich fürchterlich ärgern. Lässt sich aber nicht vermeiden.

Ohne dass sich unser Schwarzkopfbock *Othello* einsetzte, hat sich die Zahl der schwarzen **Schafe** um 200 % verdreifacht (3 statt 1). Der Nachwuchs kommt allerdings nicht immer alleine mit autonomer natürlicher Geburt zu Stande. *Lukas* musste am 16. Juni mit schlanker Hand ein Böckchen vor dem sicheren Tod retten, welches sich im Geburtskanal seiner Mutter mit umgeknickten Kopf und Beinchen verkeilt hatte. Unser *Keno* kommentierte diese beeindruckenden Erfahrungen angesichts anstehender künftiger menschlicher Welteneinbürgerungsprozesse auf dem Hof, „dann kann *Lukas* ja Hebammer werden."

Unsere **Hühnerwelt** wird derzeit vom Treiben höherer (Habicht) und niederer (Fuchs) Mächte gebeutelt. Ein aus den Lüften hernieder segelnder Hühnerflügel ließ am Himmelfahrtstage nichts Gutes ahnen. Aber vielleicht sind sie ja auch nur von guten Mächten wunderbar geborgen. Wenn jemandem demnächst ein neuer einflügeliger Schutzengel begegnet, könnte es sich um ein inkarniertes Wesen aus dem Pentadies handeln.

Meisterin *Reinecke* liegt auf der Lauer. Während der Mann faul herumstrolcht, überwindet die Fähe in Trance fast jedes Hindernis, um den wachsenden Kohldampf ihrer jungen Mäuler zu stopfen. Dieser Dampf verwandelt sich zunächst zwar zu unserem Nutzen zu Mäusemampf, von denen sie pro Mahlzeit 20-30 zubereitet. Mit zunehmendem Alter der Jungen aber kommt der Hühnerdampf. Und damit die Rache der Natur am Emanzendasein. Solitäre Individuen, abseits von den sich im heroischen Heldenkampf aufopfernden Hähnen haben keine Chance. Um die Verluste in diesem ungleichen Partisanenkampf zu reduzieren, haben wir das Hühner-Ausflugslokal durch ein Upgrade in ein abgezäuntes Refugium verwandelt. Zugleich wollen wir die listig schleichende Schlaumeierin mit Fantasie überlisten. Ein buntes Discoprogramm ist geplant. Ein Hühnerautoradio muss her. Ob wir mit NDR Kultur und *Schostakowitsch*, oder mit Heavy Metal, oder gar dem Absingen böser Lieder den größten Abschreckungserfolg haben werden, muss die Praxis zeigen.

Unsere diesjährige **Mitgliederversammlung** war wieder vom konstruktiven Grundton aller Beteiligten geprägt. Die Mitarbeiter des Hofes stellten sich noch einmal in ihrer aktuellen Besetzung vor. *Julia* begrüßte die über 130 anwesenden Mitglieder. *Martina* führte durch die Veranstaltung. *Tobias* erklärte das alte und neue Jahresergebnis des Hofes. Deutlich wurde, dass der Etat sehr auf Kante genäht ist und keine Kängurus (wegen der weiten Sprünge) angeschafft werden können. *Johannes* wies darauf hin, dass ohne das große Engagement der Mitglieder die bisherige positive Entwicklung nicht denkbar gewesen sei. Er bedankte sich noch einmal im Namen der Gemeinschaft bei einzelnen Mitgliedern wie zum Beispiel *Jürgen* und *Christian* und dem engagierten Hofcaféteam von *Margret* und *Gaby*, welches sich auf der Mitgliederversammlung durch weitere helfende Hände ergänzte. *Christian* macht sich nicht nur als Hof Fotograf und Hofmusikant unentbehrlich, sondern sorgte auch für die Recycelbestuhlung unseres Saals. Durch seine Mitwirkung bei den berufsbildenden Schulen Bersenbrück ist sogar der überdachte Jungpflanzenanzuchtplatz als Schulprojekt in greifbare Nähe gerückt. Erstaunlich war die große Bereitschaft, bei der Erweiterung der Angebotspalette aktiv mitzuwirken. Eine Nudel AG wurde gegründet. Die Mitglieder wurden noch eingehend über die Hintergründe und den Stand der Ausgrabungen informiert, die hoffentlich zu einem schönen Mitgliedertreffpunkt gestaltet werden können. Wir freuen uns schon auf die Gelegenheit zum Abspielen der (DDR-) Nationalhymne: „Auferstanden aus Ruinen und der Zukunft zugewandt.“

Auch der jüngste **Schweißkurs** für Azubis von *Frank* und *Johannes* vermachte dem Hof eine erweiterte Ausstattung. Die Gemüsegroßkisten wurden verstärkt, der Kinderbauernhof bekam ein neues Geländer und eine Wiesenschleppe erleichtert nun die Grünlandpflege.

Der erste **Hofflohmarkt** wurde von *Chantal* und *Jana* mit unglaublichem Engagement vorbereitet. Die Mitglieder spendeten scheinbar buchstäblich ihr letztes Hemd und vorletztes Buch, um die Angebotsfülle schier überquellen zu lassen. Trotz verzweifelter Warnungen und Proteste unseres Sicherheitsbeauftragten Arvid (drei Jahre) stiegen die beiden ohne Netz und doppelten Boden auf das Carport Dach, um mutig die wertvollsten Auktionsgüter zu versteigern. 814,32 € waren das Ergebnis, welches der Ausstattung der Gewächshäuser zugute kommt. Derweil fand im Hofcafé eine wunderbare Kuchenvermehrung biblischen Ausmaßes statt. Vier Kuchen waren von den Mitgliedern angemeldet, 15 gaumenfreudige Langspielplatten erschienen von Zauberhand und verschwanden rasch ratzeputz bis zum letzten Krümel.

Neue Nachrichten aus der **Ukraine**, die den internationalen Konflikthintergrund beleuchten, betreffen auch unsere landwirtschaftliche Entwicklung. Die Ukraine hat mit 32 Millionen ha etwa doppelt so viel Ackerland wie Deutschland und dies in den Schwarzerdegebieten von höchster Qualität. Sie war die Kornkammer der Sowjetunion und damit auch das Expansionsziel des nazideutschen Überfalls. Heute steht dieses Ackerland im Visier der internationalen Konzerne. 1 ha kostet dort nur zwischen 500 und 2.000 €. Dagegen muss man in Deutschland mindestens das 20-fache hinlegen. Bislang dürfen dort landwirtschaftliche Nutzflächen nicht verkauft werden. Doch die vom Westen unterstützten Oligarchen wollen erreichen, dass die Ukraine zum Spekulationsobjekt des internationalen Kapitals werden kann. Der US-amerikanische Pensionsfonds NCH-Capital hat bereits 450.000 ha Ackerland in der Ukraine gepachtet, um es sobald wie möglich zu kaufen. Monsanto und DuPont hoffen direkt zu Lasten der Bauern in die Landwirtschaft einsteigen und über den

Umweg der Ukraine gentechnisch verändertes Saatgut in die europäische Union einführen zu können. Die Bundesregierung hat bestätigt, dass diese Konzerne für ihre Spekulationsgeschäfte von der EU Subventionen erhalten werden. Das ist sehr interessant! Uns war bislang nicht bekannt, dass die Ukraine bereits zur EU gehört. Dieser Agrarkolonialismus ist daran interessiert, wie in Afrika durch die Chemiesierung der Landwirtschaft schnelles Geld zu verdienen und den Boden auszuplündern, statt auf Nachhaltigkeit zu setzen.

Die USA haben in der Vergangenheit die **EU** demonstrativ aufgefordert, Russland wegen der Ukrainekrise massiv zu **boykottieren**. Nun wurde bekannt, dass die **USA** selbst allein im letzten Jahr ihre **Handelsbeziehungen** mit Russland sogar **ausweiteten**, während die Mitglieder der Europäischen Union brav ihr Handelsvolumen zum eigenen Schaden eingeschränkt haben. Zugleich hat die EU beschlossen, ihren Boykott um sechs Monate zu verlängern. Wie naiv und gläubig muss man sein, um selbst an eine solche Politik zu glauben? Von einem Boykott der EU gegen die USA wegen der illegalen Gefangenenlager in Guantanamo, dem von Deutschland aus gesteuerten Drohnenkrieg und dem Führen eines völkerrechtswidrigen Angriffskrieges im Irak und anderswo, hat man leider nichts gehört. Wir bilden ja eine Wertegemeinschaft?

Zwischen 100 bis 500 Millionen € hat das große **G-7** Fressen gekostet. Statt *Putin* einzuladen und mit ihm eine Deeskalation in der Ukraine Krise zu verhandeln, wird *Obama* mit einer bayerischen Lederhose verkleidet und mit ekligen Weißwürsten gefüttert. Mit einer angeblichen Hochwassergefahr in den sommerlichen Bergen wird das Demonstrationsrecht bedenkenlos ausgehebelt. Bauern sind von Amts wegen aufgefordert worden, ihre wunderschönen Bergwiesen mit Gülle gegen die Demonstranten zu verseuchen. Das mit dem Grundgesetz war ja nur so eine Idee. Ach wie war das noch gleich mit dem bösen *Putin*? Er wollte bei den Winterspielen in Sotschi die Demonstranten doch nicht einfach so auf die Loipen lassen. Für unsere aufgebrachten Qualitätsmedien ein untrügliches Zeichen einer unglaublichen Diktatur!

Frau *Merkel* hat allerdings ein wichtiges Thema auf die Tagesordnung gebracht. Der unbedachte Einsatz und von Profit getriebene Missbrauch der Wundermedizin **Penicillin** führt, zwar nicht plötzlich und unerwartet sondern logischerweise zu **Resistenzbildungen**. Jetzt hat doch die Pharmaindustrie mit *Obama* herausgefunden, wie man der mit Milliardengewinnen ausgestatteten Pharmaindustrie über den Umweg von Public Private Partnership noch zusätzliche Steuermilliarden für die Antibiotikaforschung zugutekommen lassen kann. Nach dem Motto: „von den Banken lernen heißt siegen lernen", fordert man nun ein bedingungsloses grundloses Zusatzeinkommen direkt vom Steuerzahler. Dazu braucht man nur drei Dinge, um die Regeln der Marktwirtschaft und Demokratie konsequent außer Kraft zu setzen. Erstens „To big to fail." Zweitens, Politiker, die unverschämte Forderungen als alternativlos darstellen. Drittens, Medien, die den Bürgern die wirklichen Hintergründe von wichtigen Entscheidungen vorenthalten. Und welche die Bürger mit idiotischen Unwichtigkeiten, wie dem Auswechseln eines bekloppten Trainers, oder einer story, wie irgendeine Prinzessin mit irgendeinem gelangweilten Lebemenschen irgendwas anstellt, zu verblöden.

An **Johanni**, dem für die Landwirtschaft seit Jahrtausenden bedeutsamen Sonnenwendetag, fand auf unserem Hof das Gespräch mit dem grünen Landwirtschaftsminister *Christian Meyer* und dem stellvertretenden Fraktionsvorsitzenden der CDU im Niedersächsischen Landtag, *Frank Oesterhellweg*, über die sogenannte **Agrarwende** statt. Mehr als 150 interessierte Bauern und Verbraucher drängten sich in unseren Veranstaltungsraum. Bereits über 70 Interessierte waren zur vorangehenden Betriebsführung gekommen. Zentrale Punkte waren die **Massentierhaltung**, die Positionen zum **Glyphosat**, der **Gentechnik** und zum so genannten **Freihandelsabkommen**. Spätestens beim letzten Punkt wurde allen Anwesenden klar, was es bedeutet, die US Standards mit dem dortigen bedenkenlosen Einsatz von Masthormonen und Antibiotika in der Fleischproduktion anzuerkennen. Kaum ein deutscher Bauer kann mit einem Absenken der bisherigen Dumpingpreise für Lebensmittel um weitere 20-30 % noch existieren. Zusätzliche Aktualität erhielt die Veranstaltung durch die neuen Untersuchungen der Landesämter, die eine bedenkliche Zunahme von **Pestiziden** und **Tierarzneimitteln** im **Grundwasser** festgestellt haben.

Unsere Auszubildende im Bereich Kinderbauernhof, *Chantal Wetzel* hat ihre Prüfung mit Bravour bestanden. Sie darf nun den Titel „Staatlich geprüfte **Erzieherin** mit waldorfpädagogischem Hintergrund" führen. Herzlichen Glückwunsch!

Herzliche Sommergrüße

Euer Team vom CSA Hof Pente

Paul führt die Rinder auf eine neue Weide

Arbeitsbesprechung im Garten

Der Backofen wird gemauert

Die Schulklasse sortiert die alten Steine für den Abholraum

Die Schüler beim Fenchel waschen

Widerstand

Was wärst du Wind,
Wenn du nicht Bäume hättest
Zu durchbrausen.

Was wärst Du Geist,
Wenn du nicht Leiber hättest
Drin zu hausen.

All Leben will Widerstand,
All Licht will Trübe.

All Wehen will Stamm und Wand
Dass es sich dran übe.

Christian Morgenstern

Donars Donnergrollen zerfetzte Anfang Juli endlich die bleierne Luft und brachte in letzter Sekunde das erfrischende, rettende Nass für das Leben in Acker und Garten. Lichtdurchflutete Glitzerblitze durchzuckten das regenbogentropfende Gras. Wohltuende Frische durchgesickert den lechzenden Dürreboden, schenkt den sehnsüchtig wartenden Würzelchen lebenspendende Feuchte und durchsaftet die Bahnen der fruchtbildenden Zukunftsgaben. Der heiße Hauch der Wüste drehte sich. Fruchtbarer Sahara Sand wurde von den ergrauten Blättern gespült.

Einfach so da, so scheint es, ist der **Boden,** der uns trägt. Er sorgt nicht nur für unsere Erdung. Unseren Lebensmitteln schenkt er seine mütterlichen Gebärkräfte. Er sammelt den Regen in seinem Schoß und sorgt so gut er kann für saubere **Trinkwasserquellen.** Außerdem reguliert er das **Klima**, weil er in der Lage ist, mehr Kohlenstoff zu speichern, als alle Wälder der Erde zusammen. Sein größtes Geheimnis ist die **Arten-**

vielfalt. Denn zwei Drittel aller Arten der Welt leben unter der Erdoberfläche versteckt. Aber jeden Tag vernichten wir allein in Deutschland 77 ha Boden, das sind umgerechnet mehr als 100 Fußballfelder, durch Beton und Asphalt. Mehr und mehr stillen die Industrieländer ihren Flächenhunger an fruchtbarem Ackerboden für Soja und Mais in der ärmeren Welt. Herstellen können wir Menschen den fruchtbaren Boden kaum. Denn es dauert etwa 2000 Jahre, bis sich durch Bodenpflege eine dünne, etwa 10 cm starke Schicht fruchtbaren Oberbodens bilden kann. Die Vereinten Nationen haben das Jahr 2015 zum **Internationalen Jahr der Böden** erklärt.

Unser **Gartenjahr** wechselt von voller Blüte zu reichem Ackersegen. Saftige Gurken und zarter Blumenkohl haben die Tische erobert. Die Ernte von Laubmöhren hat begonnen. Die Tomatenernte ist in vollem Gange und Paprika steht vor der Tür. Aber wir sind immer auf der Hut, denn auch Wühlmäuse mögen Artischocken und Blauhilde. Aber lieber füttern wir unsere Schweinewelt mit überständigen Demeter Salaten, wenn unsere Mitglieder von der Schwemme überfordert sind. Auch die Herbstkulturen erfordern Aufmerksamkeit. Der Winterkohl wurde mit regenwurmleckeren Champost gefüttert. Dieser Champignon-Kompost ist wie Schampus für unsere unterirdischen Freunde und Mitarbeiter.

Unsere kulturschaffende **Schweinebande** hat sich in der Sommersonne eine dreistufige Wellnessanlage konstruiert. Eine flache Wühlanlage, eine mitteltiefe Kühlanlage und ein Schlammtauchbecken für heiße Zeiten. Die immer noch leckeren Winterkartoffeln wurden nach und nach von den Schulklassenkindern in unserem riesengroßen Topf gekocht und an die bereits sehnsüchtig singenden Schweine verfüttert.

Unsere **Schafe** haben einen Sonnenschirm spendiert bekommen, damit sie, wenn sie schon nicht im Liegestühlchen Zeitung lesen, zumindest im Schatten fläzen können.

Während der Hundshitzetage bildeten die **Stockbienen** dichte Trauben vor dem Anflugloch, um wie ein Ventilator mit biologischer Klimaanlage die Temperaturen im Stock zu begrenzen. Ein schwärmendes Volk konnte von Martin wieder überredet werden, in ein neues Häuschen umzuziehen, um weiter für uns zu arbeiten. Bei einem weiteren Volk wurden die Wächterinnen leider von militanten muskelprotzenden imperialen Ameisen überwältigt. Nach der bedingungslosen Kapitulation wurden die süßen Bienenschätze kolonial ausgebeutet. Auch die Wespen können zu einer Gefahr für die Bienenvölker werden. Denn deren Flugleistungen sind denen der Bienen überlegen, wie ein Stuka dem Fieseler Storch. Manchmal versuchen auch Hornissen, vor allem die asiatischen Riesenhornissen, Honigbienenvölker auszuplündern. Diese können etwa 40 Honigbienen mit ihrem Stachel umbringen. Westliche Honigbienen (Apis mellifera) sind trotz ihrer Panzerung hoffnungslos unterlegen. Östliche Honigbienen (Apis cerana) haben gelernt, die Stasi-Kundschafterin in ihrem Chitinpanzer-Spähwägelchen abzufangen, bevor diese mit ihren Pheromonen das Nest markieren kann. Dann stürzen sich mehrere hundert Bienen auf diese feindliche Hornisse, umklammern sie und erhöhen durch Muskelzittern die Temperatur im Innern dieser lebenden Bienenfalle auf über 45°. So wird diese Angreiferin gewissermaßen zu Tode gebacken.

Mitte Juli konnte die dritte und letzte **Honigernte** eingebracht werden. Nun dürfen wir uns auf einen süßen Winter freuen. Nicht alles habe wir Ihnen weggenommen, damit sie den, für den Winter zugefütterten Biozucker mit dem noch vorhandenen Honig gut vermischen, invertieren und in die Zellen einlagern können. Nun schmeißen die Bienendamen die nichtsnutzigen männlichen Drohnen raus und machen sich winterfertig.

Gefreut haben wir uns über das Untersuchungsergebnis der Vogelkundler *Rolf Hammerschmidt* und *Heinz Düing*. Sie entdeckten auf unserem Hof 452 **Brutvogelpaare,** die sich auf 49 verschiedene Arten verteilen. Eine solche Vielzahl hatten sie nicht einmal in den sechziger Jahren, vor dem großen Artensterben, auf der artenreichsten Fläche im Landkreis Osnabrück gefunden.

Artenvielfalt und **Biodiversität** sind kein Luxus, sondern Grundlage und Ergebnis eines gesunden Zusammenspiels in der Natur. Auch die Pflanze ist keine Maschine, die automatisch chemischen Dünger in leckere Früchte verwandelt. Sie ist ein lebender Organismus, dessen Gesundheit und Kraft von der lebenden Vielfalt abhängt, die im, auf und über dem

Boden wirkt. Diese Vielfalt verhindert in der Regel, dass irgendein Schädling, sei es Insekten, Schnecken, Würmer und Pilze plötzlich zur totalen, alles vernichtenden Plage wird. Zwar locken leckere biologisch angebaute Früchte auch Fraßschädlinge an. Aber **Monokulturen** sind quasi Zuchtanstalten für Schädlinge, da dort auch alle natürlichen Feinde durch die eingesetzten **Pestizide** ausgerottet werden. Ja, sie können sogar die jeweils stärksten Schädlinge besonders begünstigen. Vielfältige ausgewogene Ökosysteme stellen in der Regel den stabilsten natürlichen Zustand dar.

Dieses Dampfhammerphänomen sehen wir auch im Bereich der **Antibiotika**. Die segensreiche Entwicklung des Penicillins zerstört durch ihren massenhaften Missbrauch ihre Wirkung, so dass sie die hilflos werdenden Ärzte ins medizinische Mittelalter zurückführt. Jüngst wird behauptet, dass der Antibiotikaeinsatz in der Massentierhaltung zurückgehe. Das könnte man als Irreführung bezeichnen. Denn das Anwendungsspektrum dieser Mittel verschiebt sich aufgrund der zunehmenden **Resistenzen** zum Einsatz von immer härteren, höher konzentrierten Mitteln, ja sogar zum Einsatz von Reserveantibiotika, die eigentlich nur dem Menschen vorbehalten sein sollten. Nach der gleichen Logik könnte man behaupten, dass man seinen Alkoholkonsum reduzieren kann, in dem man statt 1 Liter Bier nur noch 0,7 l Branntwein täglich trinkt.

Mittlerweile wurde in Niedersachsen an 45 % aller Messstellen **Pestizide** im **Grundwasser** nachgewiesen, wie eine Studie des Niedersächsischen Landesbetriebs für Wasserwirtschaft, Küsten- und Naturschutz hervor hob (NOZ vom 4. Juni 2015). Aktuell ist auch gleichzeitig eine Zunahme von **Tierarzneimitteln** im Grundwasser festzustellen. Mittlerweile wird erkannt, dass leichtflüchtige Pestizidwirkstoffe über Verdampfung, vom Wind über weite Strecken transportiert werden können. Demeter Vorstand *Alexander Gerber* forderte daher, es gehe nicht an, dass die Umweltkosten des konventionellen Landbaus der Allgemeinheit aufgebürdet würden (externalisiert) und sich nicht in den Preisen widerspiegeln. Die **Umweltleistungen** des **Ökolandbaus** würden dagegen nicht ausreichend gewürdigt.

Die gleiche Verantwortungslosigkeit wird nun aktuell beim **Fracking** nachgewiesen. Eine Auswertung des Epidemiologischen Krebsregisters Niedersachsen ergab, dass in Rotenburg an der Wümme und im Dorf Bothel eine signifikante Erhöhung (31%!) der **Krebsrate** festzustellen ist. Beides Orte, in denen seit Jahrzehnten Gas mit der umstrittenen Frackingtechnologie gefördert wird.

Ein wirklich konsequentes Umsteuern im Sinne einer **regenerativen Energieversorgung** scheint immer noch in weiter Ferne zu liegen. *Sigmar Merkel* hat dafür gesorgt, dass die Kohle auf Kosten des Verbrauchers und der Umwelt noch Jahrzehnte für die Konzerne weiter fließt. Wenn Industrie und Gewerkschaften gemeinsam handeln, kann man in Deutschland offensichtlich jeden Blödsinn durchsetzen. Auch die EU hat nach ihrer massiven Kritik an der angeblichen Förderung der regenerativen Energien in Deutschland erstaunlicherweise überhaupt nichts dagegen, dass die Subventionen für ein neues britisches Atomkraftwerk unendlich ausufern. Das „Rundum-sorglos-Paket" für das neue Atomkraftwerk „Hinkley Point" soll aktuellsten Studien zufolge den Steuerzahler schon mehr als 100 Milliarden € an Subventionen kosten, zu Gunsten einer astronomischen **Gewinngarantie** für die **Atomindustrie**.

Jean Ziegler, der erste UN-Sonderberichterstatter für das **Recht** auf **Nahrung**, sagte in Richtung der Politik, wie sie auch auf Elmau beim G7 Gipfel zu Tage getreten ist: „Dieser Haufen, der da zusammenkommt, das sind Befehlsempfänger, Ausführungsgehilfen, Handlanger der Konzerne!" Hauptsache: „Too big to fail, too rich for jail".

Dabei könnten die G7 Staaten doch, wenn sie wollten. Während *Schäuble* in der Griechenlandkrise eine bedingungslose **Kapitulation** der dortigen Sozialsysteme forderte, wird Kiew von den gleichen Politikern bedingungslos Extrawurstmilliarden zur Lösung seiner Schuldenkrise bekommen, wenn es sich den westlichen Finanzspekulanten komplett ausliefert.

Tagtäglich wird es deutlicher: Die **totale Überwachung** von Unternehmen und Politik in Deutschland durch die NSA/USA ist keine spekulatorische Zukunft mehr, sondern unheimliche Wirklichkeit. Die Bundesregierung stellt sich taub und schert sich weder um das Grundgesetz, noch geltendes Recht, die Grundrechte und die Demokratie. Sie läutet die zweite Phase ein: TTIP!

Der renommierte US-amerikanische Wirtschaftswissenschaftler und Nobelpreisträger *Paul Krugman* bezeichnete kürzlich das geplante sogenannte **Freihandelsabkommen** als Staatsstreich, eine Kapitulation der Demokratie und ein **Ermächtigungsgesetz** für die **Konzerne**.

Zum Thema Umgang mit der eigenen Geschichte und „Deutschland muss sich seiner **Verantwortung** stellen", wie es Pastor *Gauck* auf der Rüstungstagung in München militärinterventionsbegeistert betonte: Als wir vor mehr als 20 Jahren im Norden Namibias (dem ehemaligen Deutsch Südwestafrika) in der Buschsteppe nahe Tsumeb einen verkrüppelten Baum sahen, erkannten wir in seinem Gipfel eine Tragbare. Wie wir erfuhren, eine Hinterlassenschaft der deutschen Schutztruppe, die vor 100 Jahren, am 9. Juli 1915, kapitulierte. Einige Jahre zuvor hatten diese „Schutztruppen" einen Aufstand der **Bauern** und **Viehzüchter** vom Stamme der Herero und der Nama, die sich gegen die Landnahme durch die Deutschen wehrten, blutig niedergeschlagen und zehntausende Männer Frauen und Kinder in die Wüste getrieben, um sie dort verhungern und verdursten zu lassen. Dieses Trauma ist in Namibia bis heute nicht verarbeitet. Der **Völkermord** wird bis heute weder vom Bundestag noch von der Bundesregierung offiziell anerkannt. Gefangene Herero Frauen mussten die abgeschnittenen Köpfe ihrer Väter, Söhne und Onkel mit dem Anspruch deutscher Gründlichkeit häuten und reinigen, damit sie zu Forschungszwecken nach Berlin geschickt werden konnten. Zum 100. Jahrestag reiste Häuptlingssohn *Daniel Timotheus Frederick* mit einer Delegation nach Berlin, um wenigstens den Kopf seines Großvaters zurückzubekommen, damit er ihn in Namibia würdig bestatten könne. Diese Delegation wurde von *Gauck* durch eine Hilfskraft vor dem Tor von Schloss Bellevue eiskalt abgespeist. Verantwortungsübernahme? Fehlanzeige!

Als *Tobias* sich vor einigen Jahren während seines Studiums des ökologischen Landbaus in **Witzenhausen** (der ehemaligen deutschen Kolonialschule) mit einem jungen Studenten vom Stamm der Herero anfreundete, gab dieser zu, er hätte aufgrund dieses Traumas nie geglaubt, dass er jemals zu einem Deutschen ein so gutes Verhältnis haben könnte.

Durch die Einnahmen des von *Jana* und *Chantal* organisierten **Hofflohmarktes** und des von *Gabi* und *Margret* geführten **Hofcafés**, der von Andrea und Julia und weiteren Mitgliedern genähten Brotbeutel, sowie den fleißigen Zimmermanns-**Schülern** der berufsbildenden Schulen Bersenbrück, ist es in erstaunlich kurzer Zeit gelungen, den neuen **Jungpflanzenanzuchtplatz** herzurichten. Vielen Dank!

Das diesjährige **Sommerkonzert** von *Anna* mit einem Spontanorchester der Jüngsten wurde ein musikalischer Genuss. Sogar der **Hofchor** ließ sich zu einem eigenen Beitrag hinreißen.

Lukas brillierte vor der Prüfungskommission der Landwirtschaftskammer mit einer hervorragenden **Meisterprüfung**. Herzlichen Glückwunsch!

Dem CSA Hof Pente wurde vom Bundesministerium für Ernährung, Landwirtschaft und Verbraucherschutz ein neuer Status verliehen: „**Demonstrationsbetrieb für ökologischen Landbau**".

Herzliche Sommergrüße
euer Team vom CSA Hof Pente

Vom Spiel zur Arbeit – Arvid flext Steine auf seine Art

Auf einem Kristallrand

Die Erde
Hält ihr Glas der Sonne entgegen
Und Licht – Licht
Wird eingeschenkt.
Ein Vogel kommt und setzt sich auf einen Kristallrand.
Von meiner Waldhöhle aus höre ich singen,
Deshalb eile ich zum Rand der Existenz,
Um mich mit meiner Seele in Liebe zu vereinen.
…

Hafis

Noch wirkt der Spätsommer lichtdurchflutet. Doch seine Stärke lässt nach und gebiert ein anschwellendes Farbenmeer. Die Kraft von Sonne und Erde, vermählt durch das befruchtende Wasser, haben zu einem reichen Fruchtansatz geführt, der nun langsam ausreifen darf. Petrus schien Ende Juli, Anfang August allerdings etwas tatterig geworden zu sein. Schafskälte erkältete die Hundstage. Regenschwere Wattewolken prusteten prickelndes Nass auf die wassersatten Böden. Anstrengende Temperatursprünge von weit über 20° verunsicherten Pflanze und Tier. Die Tomaten stellten vorübergehend ihre Abreife ein und ließen sich einen grünen Schutzkragen auf die fast roten Bäuche wachsen. Nur der Spitzkohl freute sich seines Lebens. Statt sofort vertilgt zu werden, wurde er von fleißigen Mitgliederhänden zerschnippelt und durfte von *Chantals* und *Linas* stampfenden Füßen in Milchsäuregärung gebracht werden. Das erste Sauerkraut.

Das **Wintergemüse** ist gepflanzt und bringt sich in Wachstumsstimmung. Mit Unterstützung einiger aktiver Mitglieder unter Anleitung von *Helmut* konnte das **Beikraut** im Freiland reguliert werden. Die lustwachsenden **Gurken** und **Tomaten** verloren vor lauter Wachstumsfreude fast ihre Bodenhaftung und waren schließlich zu geschlaucht, um noch genug Lebenskraft für die nächste Erntegeneration zurück zu halten. *Jana* fügte der Tröpfchenbewässerung per Injektion noch **Brennesseljauche** zu, die von *Jürgen* noch mit einer **Beinwelltinktur** angereichert wurde. Dank *Jürgen Ks.* computergestützter Regelung ist die Versorgung fast automatisiert. Und siehe da, sanft organisch gebundener Stickstoff und Kali belebten die Lebensgeister. Das Freilandgemüse und Gewächshäuser waren selten in so guter Kondition. Die **Wasserversorgung** bereitete uns in diesem Sommer keine großen Probleme.

Anders als in Kalifornien, wo es in den letzten vier Jahren nicht mehr geregnet hat. Der weltweite Handel mit Nahrungsmitteln ist in Wirklichkeit auch ein **Handel** mit **Wasser**. So werden mit einem Glas kalifornischen Weins etwa 109 l **virtuellen** Wassers importiert. Noch schlimmer ist es bei dem Import von spanischen Gemüse und anderen Früchten aus Andalusien. Und für 1 kg Rindfleisch wird in den Exportländern sogar 15.500 l Wasser entzogen. Dort verschlimmern sie die Wassernot, weil sie die lokalen Wasserkreisläufe und Wasserreserven dauerhaft plündert. Die Agrarindustrie und Handelskonzerne beschleunigen durch diese Art von Landwirtschaft den **Klimawandel** und die **Versteppung** fruchtbaren Bodens. Aus dieser Sicht müsste das Wasser in die richtige Richtung gelenkt werden, so zum Beispiel von Deutschland nach Spanien! In Kalifornien scheint bereits die Vorstufe eines **Kriegs** ums Wasser erreicht zu sein. Einige Reiche meinen, aufgrund ihrer Steuerzahlungen, von den Wassernotstandsverordnungen für die allgemeine Bevölkerung nicht betroffen zu sein und bewässern demonstrativ auch noch die Golfplätze. Von der Stärke des Rechts zum Recht des Stärkeren. Sie haben offenbar noch nicht begriffen, dass man Geld nicht essen kann.

Unser **Getreide** ist durch Tag- und Nachteinsatz von *Lukas* und *Paul* gedroschen und getrocknet. Über 10 m³ Holzhackschnitzel wurden für den richtigen Feuchtegehalt von maximal 14 % eingesetzt. Das **Erbsen-**, **Gersten-** und **Roggengemenge** hat einen guten Ertrag hingelegt, so dass die vollen Silos für den kommenden Winter volle Schweinemägen sichern.

Einige Tonnen **Dinkel** und **Weizen** werden auch künftig für leckeres Brot sorgen.

Für ausreichend Winterfutter in Form von **Heu**, **Stroh** und **Silage** ist mittlerweile gesorgt. Die großen Kugeln auf dem Acker entstammen der Rundballenpresse und sind nicht etwa auszubrütende Elefanteneier, wie irrtümlich vermutet wurde.

Ein geheimnisvoller **Hofgeist** geht um. Gesehen hat den Kobold noch niemand. Aber sein Wirken ist überall spürbar. Er entführt Zangen und Schrauben, sogar Schubkarren. Stellt schmutziges Geschirr an den seltsamsten Orten ab. Lockt Schafe über den Zaun. Schaltet den Strom bei den Schweinen aus. Dieses Monster kann massenweise 17er Schlüssel vertilgen und macht selbst vor den Spaten in einem Anfall von Fresssucht nicht halt. Bekannt ist sein Wirken auch bei Waschmaschinen, die einzelne Socken mit Vorliebe vernichten können.

Was er sonst noch so anstellt, ist in einem Tagesprotokoll unserer Werkstatt zu sehen.

- Der Unterlenker des IHC ist verbogen und muss gerichtet werden.

- Die abgerisse Hubstrebe muss erneuert werden.

- Ein Bolzen, den es nicht mehr im Original gibt, muss auf der Drehbank gefertigt werden.

- Das Fahrwerk und die Drehvorrichtung des Vierscharpfluges müssen ausgebuchst werden.

- Der Fahrvariatorriemen des Mähdreschers ist zerfetzt und hat die Hydraulikleitung zerschlagen.

- Die Lichtmaschine des Porsche Diesel lädt nicht mehr.

- Die Vorderachselenkung des Fendt Geräteträgers ist ausgeschlagen.

- Ein Hydraulikschlauch am Frontlader des John Deere ist geplatzt.

- Ein Nagel hat den rechten Frontreifen des Deutz durchbohrt. Etc.

Eine fast unglaubliche Meldung ging kürzlich durch die Medien. Trotz wachsender Nachfrage nach **ökologisch** erzeugten Lebensmitteln geht die **Anbaufläche** in Deutschland **zurück**. Da die Preise nicht die Wahrheit sagen, sind viele Bauern nicht mehr in der Lage, den zusätzlichen Aufwand für umweltgerechtes Wirtschaften selbst zu tragen. Denn wir machen in vielfacher Weise das Gegenteil der konventionellen Landwirtschaft. Zum Beispiel:

- Alle Tiere werden im **Freien** gehalten, können sich bewegen und wachsen dadurch langsamer.

- Es werden **keine** schnell wirkenden **Düngesalze** eingesetzt, die den Wassergehalt für ein hohes Ertragsvolumen schnell nach oben treiben.

- Es wird möglichst wenig bewässert, damit die Wurzeln tief in den Boden gehen und dadurch **Geschmack** und **Lagerfähigkeit** erheblich verbessert werden.

- **Monokultur** wird vermieden. **Vielfalt** in der Landschaft; zusätzliche Biotope werden gefördert.

- **Pestizide** werden nicht eingesetzt. Die Beikrautregulierung wird **schonend** mechanisch oder durch Handarbeit vorgenommen.

- Der **Kreislaufgedanke** und das Recycling stehen im Mittelpunkt des Hoforganismus.

Das alles ist aus dem Denken einer schmalspurigen kurzsichtigen Betriebswirtschaft selten wirtschaftlich. Es macht nur Sinn, wenn man eine Landwirtschaft möchte, vor der die Natur und der Mensch nicht geschützt werden muss. So ist es kein Wunder, dass mancher Bauer sagt: „mal verliert man und mal gewinnen die anderen".

Immer wieder kommen neue raffinierte **Querschüsse** aus **Politik** und Wirtschaft gegen eine schonende Landwirtschaft. Wie der grüne EU Abgeordnete *Martin Häusling* mitteilte, besitzt auch die neue EU Kommission meisterliche Fähigkeiten darin, hanebüchene Vorhaben in ein positives Image zu kleiden. Wundersame **denglische** Bezeichnungen wie „better regulations", „refit", „cross compliance", „fitness check", „greening" werden genutzt, um die **Reste** einer positiven EU-**Umweltgesetzgebung** unter dem Vorwand der **Entbürokratisierung** zu Gunsten von Wirtschaftsinteressen zu deregulieren und damit **abzubauen**. Dabei greifen die Lobbyisten der Bürokraten auf eine besonders trickreiche Strategie zurück. Erst versuchen die Lobbyisten durch immer neue Forderungen einfache Regelungen, zum Beispiel für eine ökologische Landwirtschaft, zu verkomplizieren. Anschließend greifen diejenigen, die genau für diese Verkomplizierungen gesorgt haben diese Regelungen an, mit dem Ziel, auch sinnvolle Vereinbarung abzuschaffen und das Kind mit dem Bad auszuschütten.

Ein Beispiel ist die neue Verordnung, die angeblich das Ziel hat, den Einsatz von **Antibiotika** in der Tiermast einzuschränken. Sie sieht nämlich paradoxerweise vor, dass die Verwendung von **homöopathischen** und pflanzlichen **Tierarzneimitteln** erheblich **eingeschränkt**, wenn nicht sogar unmöglich gemacht werden soll. Schon heute stehen Bauern, welche diese Mittel einsetzen wollen, in Deutschland vor erheblichen Schwierigkeiten. Nur sehr wenige Präparate sind für die Anwendung beim Tier zugelassen. Für den Menschen zugelassene Mittel dürfen nicht ohne weiteres beim Tier Anwendung finden. Im Gegenteil. Anders als bei Phytotherapeutika für den Menschen, gibt es dafür keine vereinfachte Zulassung beim Tier. Und dieses steht in einer Verordnung, die angeblich der Anwendung von pflanzlichen Arzneimitteln und Spurenelementen den Vorzug vor chemisch synthetischen allopathischen Tierarzneimitteln geben soll. Ist das eine Politik von und für split brain, double bind und borderline Patienten?

Ach die **Sprache**. Der deutsche FDP Europa-Abgeordnete *Graf Lambsdorff* forderte kürzlich die Einführung von **Englisch** als **Amtssprache** in Deutschland. Dazu passt, dass die Bundesregierung die „Deutsche Welle" fast nur noch auf Englisch senden lässt. Dieser Sender war ursprünglich gegründet worden, um weltweit für deutsche Sprache und Kultur zu werben. Und am 22. Juni ging „Die Dabbelju", wie er sich selbst nennt, mit „DW News" vollständig mit einer Nachrichtensendung zur englischen Sprache mit amerikanischem Akzent über. Vielleicht wird ja die **deutsche Sprache** demnächst im Zusammenhang mit dem so genannten **Freihandelsabkommen** zum „**nichttarifären Handelshemmnis**" erklärt und in gewissen Bereichen unter Strafe gestellt. Die „CEO" der „Deutschen Post" haben schon jetzt vorauseilend die englische Sprache für ihre Führungsebene vorgeschrieben. Was die Wirtschaftsstrategen offensichtlich brauchen, sind gut funktionierende, willige „gedächtnislose Arbeitskräfte, die sich problemlos von da nach dort verpflanzen lassen, und

Führungskräfte, die einzig in ihrem Konzern und ihrer Karriere zuhause sind: Das **Europa** der **Muttersprachen** ist in solchem Fortschritt nichts als ein **gefährliches Hindernis**... Eltern ahnen, dass im neuen Europa **keine Renitenz**, wie sie aus der Sicherheit der Muttersprachen wachsen kann, mehr angebracht sein wird, sondern eine Flexibilität, die auf paradoxe Weise zugleich **weltgewandt** und **gehorsam** ist." (Karl-Markus Gauß, Europäisches Alphabet)

Ein besonders merkunwürdiges Beispiel der **transatlantischen kulturellen Unterwürfigkeit** hat die FDP auf ihrem letzten Parteitag vorgeführt. „German Mut" prangte als unübersehbares Motto hinter der vor Stolz geschwollenen Brust des *Christian Lindner*. Ausländische Beobachter stutzten, grinsten, oder erröteten verschämt. Schließlich bedeutet „German mut", übersetzt „Deutsche Muschi". Und damit sind nicht die kuscheligen Tiere gemeint, die unser *Frank* fast täglich hingebungsvoll füttert. *Lindners* Absicht, eine feinsinnige Anspielung auf den Begriff „German Angst" zu versuchen, nämlich die „kleinkarierten" Vorbehalte in der deutschen Bevölkerung gegenüber Atomkraft und Kriegseinsätzen der Bundeswehr, ging buchstäblich ins Höschen.

Ein Film der Bundesanstalt für Ernährung über unser CSA Projekt hat in den letzten drei Jahren Erstaunliches bewirkt. Der Künstler *Hermann Pohlmann* hat dafür gesorgt, dass dieser Film in **Brasilien**, mit portugiesischen Untertiteln versehen, weite Verbreitung gefunden hat. Etwa **50 CSA Initiativen** sind dort entstanden. Ende Juli hat der Koordinator dieser Initiativen, *Wagner Santos*, auf unserem Hof mit brasilianischen Ernährungswissenschaftlerinnen ein Seminar durchgeführt. Der „Hof Pente", im brasilianischen Portugiesisch klingt es nach „Hofi Pentschi", ist durch dieses Filmprojekt „make CSA", mittlerweile in Brasilien ein Begriff.

Für den **Tag** der deutschen **Stiftungen** ist unser pädagogisches Hofprojekt als einziges von rund 10.000 geförderten Projekten in Deutschland ausgewählt worden, um es als Beispiel vorzustellen.

Der Hirnforscher Professor *Dr. Gerhard Hüther* hat angekündigt, im November unseren Hof zu besuchen, den er als Beispiel für sein Potenzial-Entfaltungs-Netzwerk schätzt.

Die von *Jürgen Krupp* gestaltete **mobile Weidezaunstation** ist von der „Profi", dem größten Magazin in Europa für professionelle Agrartechnik, als „Tipp des Monats" vorgestellt worden und die von uns entwickelte **pneumatische Dammkultursämaschine** als „Idee des Monats".

Chantal, die als Jahrespraktikantin ein Jahr lang morgens im Kinderbauernhof und nachmittags im Garten mitgearbeitet hat, und mit ihr auch ihr Freund *Christoph*, der sich ebenso unverzagt von der für ihn neuen Welt der Landwirtschaft hat begeistern lassen, und überall, wo Hilfe nötig war, mit angefasst hat, verlassen zumindest vorläufig unser Projekt. *Chantal* hat nicht nur die Kinderherzen verzaubert, sondern auch dafür gesorgt, dass so manches Pflänzchen liebevoll in den Boden gesetzt wurde. Beiden sei für ihr großes Engagement und ihre Herzenswärme herzlich gedankt!

Die besten Sommergrüße
von eurem Team vom CSA Hof Pente

Der eigene Holzbackofen ist endlich fertig!

Wozu gehen wir durch die Welt?
Wozu sind wir in dieses Leben gekommen?
Wozu arbeiten wir
und mühen uns ab?
Wozu braucht uns diese Erde?
Wir müssen uns bewusst werden,…
einen bewohnbaren Planeten zu hinterlassen.
Das ist ein Drama für uns selbst, denn dies bedeutet,
den Sinn unseres eigenen Lebensweges auf der Erde…
(Es) ist ein weltweiter Konsens unerlässlich…
eine nachhaltige vielgestaltige Landwirtschaft zu planen,
erneuerbare umweltfreundliche Energieformen zu entwickeln…
Wald…Meer… Trinkwasser zu sichern.

Papst Franziskus 2015

Glucksende, prasselnde, platschende, rauschende, gurgelnde Töne beherrschten den August. Der Sommer brachte es nur auf kurze one day stands und Minimalaffären mit der Sonne.

Schmierige Schmöttkeböden behinderten die Arbeiten in Feld und Garten. Die letzten Blüten der Stockrosen verglühen leuchtend im frühherbstlichen Lichte. In sich gekehrt bilden sie die fruchtbaren Samen ihrer Lebens- und Vermehrungskräfte für das kommende Jahr aus und verpacken sie in pralle Geschenkkapseln. Die feuchten Frühmorgende befördern die Arbeit in den Gewächshäusern. Immer noch lachen uns die roten Tomaten entgegen, obwohl die Sonne zu wünschen übrig lässt. Ihre in sich gekehrte Fröhlichkeit reicht aus, um im dunklen Schrank nachreifen und das volle Aroma entfalten zu können.

Eine **Tomate**, organisch biologisch angebaut, saisonal geerntet und regional genossen, hat nur einen winzigen **Klimarucksack** von 0,035 kg

CO2. Eine fliegende Tomate von den Kanarischen Inseln verursacht bereits 7,2 kg CO2 und eine beheizte Gewächshaustomate außerhalb der Saison 9,2 Kilo, d.h. sie ist um das 266 fache klimaschädlicher als die für unsere Hofesmitglieder.

Der **Welterschöpfungstag**, der Tag, an dem die Menschen die von Natur bereitgestellten Ressourcen für das jeweilige Jahr verbraucht haben, ist in diesem Jahr bereits auf den 13. August vorgerückt. Jeder Deutsche verbraucht mehr als doppelt so viele Naturschätze als ihm im globalen Mittel zustehen. Dadurch wird der angehäufte Schuldenberg gegenüber der Erde und unseren Nachkommen immer größer. Wie rasant diese Entwicklung ist, zeigt ein Blick zurück: 1987 war der Welterschöpfungstag noch am 19. Dezember (Global Footprint Network). Wie heißt es doch so schön: „Gestern standen wir am Abgrund, morgen sind wir schon einen Schritt weiter".

Das **Winterfutter** für Rinder und Schafe konnte aufgrund der Wetterlage noch nicht komplett geborgen und eingelagert werden. Wir hoffen immer noch auf besseres Wetter. Aber eine alte erfahrungsgesättigte Bauernweisheit für den Frühherbst lautet: Gegen Abend ist mit zunehmender Dunkelheit zu rechnen. Dies ist mindestens so zuverlässig wie die allen amtlichen Wettervorhersagen überlegene Erfahrungstatsache: „Wenn der Hahn kräht auf dem Mist, ändert sich das Wetter oder es bleibt wie es ist".

Ansonsten sehen wir einer gezwiebelten **Ernte** entgegen. An allen einigermaßen trockenen Orten des Hofes quellen uns die Kisten der mit sanftem Luftstrom getrockneten dicken, fetten, aromatischen **Zwiebeln** entgegen. Allerdings sind wir noch nicht so richtig von Kopf bis Fuß auf Zwiebeln eingestellt. Deshalb möchten wir unsere Mitglieder ermutigen, für ihren privaten Wintervorrat nach dem Motto „Aktion Eichhörnchen" dezentral Zwiebelzöpfe (ZZ 1-X)aufzuhängen. Was die Vorratshaltung betrifft, können wir noch von der Tierwelt lernen. *Martin* hat in seinem Komposthaufen einen Riesenberg mit wunderschönen getrockneten Haselnüssen entdeckt.

Die Superschmelz **Kohlrabi** haben eine Dimension erreicht, die sie als Fußbälle für die nächste Öko-WM geeignet erscheinen lässt. Ein Teil des

Winterkohls musste aufgrund von Explosionsgefahr sicherheitshalber bereits geerntet werden.

Unsere **Rinder** konnten in friedlicher Gemeinschaft mit den farblich ähnlichen Hühnern die saftigen Kleegrasfelder beernten. Aufgrund der harmonisch abgestimmtenen Brauntöne konnten die Hühner aus fantasievollen Kinderaugen beinahe als fliegende Mini-Kälbchen gelten.

Der neue hühnische Nachwuchs steht wahrscheinlich erst ab dem 1. November auf der Strohmatte. Die *Domäne*, eine legendäre **Hühnerrasse**, deren Schutzrechte mit der einstigen DDR untergegangen sind und sich nun im Besitz der Öko-Züchter befinden, wird sich voraussichtlich bei uns einfinden. Es war in diesem Jahr schwieriger, rechtzeitig Hühnernachwuchs als Auszubildende zu bekommen. So hatten sich kürzlich *Roberta* und *Edeltrud* nach langer Abstinenz wieder spontan eingestellt, um ihre Lehre in der Werkstatt abschließen zu können. Wer aber längere Zeit unentschuldigt fehlt, den Schweißkurs nicht erfolgreich zu Ende bringt und dann plötzlich keck mit gefiederten Händen in beiden Hosentaschen vor einem steht, darf nicht erwarten, alles nachholen zu können.

Die Freilandhaltung unserer **Bunten Bentheimer** wurde nach fünf Jahren endlich durch das zuständige Veterinäramt anerkannt. Wenige Tage nach dem erlösenden Besuch des Veterinärs starben innerhalb kurzer Zeit auf mysteriöse Art und Weise fünf unserer dicken Rüsseltiere. Intensive Untersuchungen in einem Speziallabor brachte keine eindeutigen nachvollziehbaren Ergebnisse. Als einzige Möglichkeit wurde ein Selen-Mangel genannt, ansteckende Krankheiten konnten ausgeschlossen werden. Mag aber auch sein, dass sie aus Schreck vor der se(e)lenlosen Bürokratie ihr Leben ließen. Vielleicht hätten wir den Pathologen Professor *Börne* vom Münster Tatort einschalten sollen.

Nicht nur die Menschen litten in diesem Jahr unter der **Wespenplage**, sondern auch unsere **Bienen**. Die tapferen Wächterinnen und Soldatinnen zweier Bienenvölker wurden von den muskelprotzenden Kampfpiloten in verzweifeltem Ringen überwältigt. „Wider die raubischen und mordischen Rotten der Wespen", wie Martin Luther mahnen würde. Der Raubzug der Diebe auf die Honigvorräte der fleißigen Arbeiterinnen des

Volkes war so erfolgreich, wie der Beutezug die Finanzinvestoren und Banker auf die Sparguthaben und Arbeitsergebnisse der Bürger.

Sechs Schweine und unsere braune *Marlies* konnten wir Mitte September portionsweise verteilen. Qualitativ **gutes Fleisch** zu bekommen scheint heute nicht mehr so selbstverständlich zu sein. „Fettschläuche" nennt unser Schlosser *Frank* die Sonderangebotswürstchen aus dem Supermarkt, seitdem er ahnt, woraus der Rohstoff besteht: Entsorgungspflichtige Schlachthausabfälle. Er selbst war mit der Reparatur von Injektionsmaschinen betraut, die mit Hochdruck Wasser in das Frischfleisch von Schnitzeln und Braten pumpten. Etwa 17% Zusatzgewicht und damit Extraprofit können mit diesem Verfahren erzielt werden.

Der Bundesminister für Landwirtschaft und Verbraucherschutz *Schmidt* (CSU) hat feststellen müssen, dass allein in Niedersachsen bei 6.000 von 21.000 Mastbetrieben ein zu hoher **Medikamenteneinsatz** erfolgt. Nun ist er schwer besorgt. Nicht etwa über den Antibiotikamissbrauch und antibiotikaresistente Keime, sondern über die zunehmende Sorge der Bürger. Deshalb hat er den Landesministerien untersagt, mit einem drohenden Zeigefinger nach Hannover, solche Daten künftig an die Öffentlichkeit zu bringen und statt dessen als Geheimsache zu behandeln. Der Niedersächsische Landvolkverband hat nun beschlossen, eine **Demonstration** gegen die Agrarwende des grünen niedersächsischen Landwirtschaftsministers Meyer zu veranstalten. Ja, als die CDU noch die Landwirtschaftsminister in Niedersachsen stellte, war irgendwie alles besser. Da gingen zwar noch mehr Bauernhöfe kaputt als heute. Aber es war in jedem Fall ein besseres Gefühl. Strukturwandel eben. Heute heißt es, Pestizide im Grundwasser, Nitrat im Brunnen, antibiotikaresistente Keime im Fleisch, Artensterben, Massentierhaltung; alles nerviges Geschwätz vom uninformierten Journalisten, die uns Bauern schlecht reden wollen. Deshalb: Schluss mit dem grünen Geschwätz und weiter so! Bis zum letzten Hof. „Es klapperte die Klapperschlang bis ihre Klapper schlapper klang."

Unbelehrbar bietet nun die Chemische Industrie ein neues **Pflanzenvielfaltvernichtungsmittel** nach dem Quartalssäufer Motto: „Hau wech den Scheiß", an. Eine unglaublich teuflische Kombination von 2,4 D, dem Gift „Agent Orange", welches die USA für Entlaubung und Vernichtung des Urwaldes in Vietnam einsetzte und Tausende Kinder bis heute mit schrecklichen Missbildungen zur Welt kamen. Und: dem Glyphosat, das im Verdacht steht, heimtückischen Krebs zu verursachen. Werbespruch: „KYLEO: einmal drauf - alles weg!"

Am 22. April 1915 setzten die deutschen Truppen in Ypern erstmals chemische Kampfstoffe des Chemiekonzerns Bayer ein, welche Tausende von Soldaten qualvoll dahingeraffte. Der Generaldirektor *Carl Duisberg* beauftragte stolz den Maler *Otto Bollhagen*, die Giftgasversuche für das Frühstückszimmer der Bayer Direktoren zu verewigen. Der Erfinder der Kampfgase Sarin und Tabun, *Dr. Gerhard Schrader*, leitete nach dem Ende des Zweiten Weltkrieges die **Pestizidabteilung** von BAYER.

Das Bundesamt für Risikoforschung (BfR), welches die Risikobewertung von **Glyphosat** für das Bundesamt für Verbraucherschutz und Lebensmittelsicherheit (BVL) und damit für Deutschland als zuständigem Berichterstatter, vornimmt, hat am 1. April 2015 seinen Bewertungsbericht vorgelegt. Unbedenklich! Er zeichnet sich dadurch aus, dass der kritische Bericht der Internationalen Agentur für Krebsforschung (IARC), der dieses Mittel als wahrscheinlich Krebs erregend bezeichnete, gar nicht berücksichtigt wurde, dafür aber Leserbriefe von wohlwollenden Lobbyisten als wissenschaftliche Studien aufnahm. Eine tolle wissenschaftliche Leistung der Unwissenschaftler.

Ein kleiner Erfolg ist den bayerischen **Imkern** im Rechtsstreit wegen Verunreinigung ihres Honigs mit **genmanipulierten Pollen** des nicht zugelassenen Genmaises MON 810 gelungen. Imker *Karl-Heinz Ballack* soll als Entschädigung 6000 € vom bayerischen Staat - nicht vom eigentlichen Verursacher - für seinen Aufwand an Untersuchungen, Entsorgungskosten etc. erhalten. Der europäische Gerichtshof (EUGH) hatte bereits 2011 entschieden, dass GVO Pollen im Honig eine wesentliche Beeinträchtigung darstellt, wenn die Zulassung dieser Pflanze in Lebensmitteln nicht eingeschlossen ist. Flugs wurde die deutsche Honigverordnung geändert. Seit Juli diesen Jahres gilt Pollen nun als natürlicher Bestandteil und nicht als Zutat. Damit entfällt künftig ein Klagegrund für Imker - ätsch - gegen gentechnische Verunreinigung; und der Verbraucher - bätsch - muss über etwaige Verunreinigungen nicht mehr aufgeklärt werden. Ein Sieg der gentechnischen Finanzwespenkonzerne.

Den Lobbyisten des Saatgutmultis *Syngenta* ist es endlich gelungen mithilfe des europäischen Patentamtes (EPA) in München, die europäischen **Patentgesetze auszuhebeln**, welche Patente auf klassische Züchtungsverfahren und Pflanzensorten verhindern sollen. Mit der Erteilung des Patents EP 1515600 auf eine banale Kreuzung von Wildtomaten mit gärtnerisch gezüchteten Tomaten ignoriert das EPA Recht und Gesetz und unterhöhlt Demokratie und Gemeinwohl. Das Gärtnervolk der Niederlande kündigte allerdings eine politische Initiative gegen dieses Ermächtigungsgebaren an.

Die Geheimniskrämerei der EU-Kommission beim **Freibeuterabkommen** kennt offenbar keine Grenzen der nach unten hin offenen Entdemokratisierungsskala mehr. Der EU Handelsausschuss und die Politkommissarin *Cecilia Malmström* haben verboten, den demokratisch gewählten Politikern und gewählten Parlamentsmitgliedern die Ergebnisse der zehnten Verhandlungsrunde mit den USA (vom zehnten bis 17. Juli 2015) mitzuteilen. Wenn diese Einsicht nehmen wollen, müssen sie nach Brüssel fahren und den dortigen Leserraum nutzen. Nur Papier und Bleistift sind erlaubt, keine elektronischen Geräte. Wenn es um **Bürgerinteressen** geht, dann führt der TTIP- Weg zurück ins Mittelalter, die Zeit des **Bleistifts** und des Federkiels, vor der Erfindung des Buchdrucks und der Verbreitung der Gutenberg Bibel.

Geht es allerdings um die **Bespitzelung** von kritischen Bürgerinnen und Bürgern kann der **elektronische** und personelle **Aufwand** garnicht groß genug sein. Das zeigte die Affäre um den angeblichen Geheimnisverrat von zwei Journalisten, die sich den Haushaltsansatz des Bundesamtes für Verfassungsbruch BfV genauer ansahen. Sie stellten erstaunt fest, dass etwa 75 neue Stellen für das Ausspähen und Abhören von Bürgern vorgesehen waren nach dem Motto: „Auf der Mauer auf der Lauer sitzt ne kleine Wanz" Der öffentliche Tanz in den Medien ging aber nur um die aufklärenden Journalisten nach dem Takt: „Daaf das das? Das daaf das? Dass das das daaf!" Die selbstverblödende Vernebelungsmaschine nahm ihren Lauf. Der armselige Bundesanwalt *Harald Range*, der aus Feigheit vor dem Freund, das Ermittlungsverfahren gegen die Bespitzelung durch die NSA aus Mangel an Beweisen einstellte, sah in dem Demokratierettungsversuch der Journalisten einen Abgrund von Landesverrat. Für die Maus ist die Katze ein Löwe.

Währenddessen haben wir, innovativ wie wir sind, ein **Rasen„mäh"system** mit einer der effektivsten regenerativen Technologien getestet. Vorteile: äußerst geräuscharm, autonome Steuerung, benötigt nur die Energie, die es selbst erntet, robuster Allbeinantrieb, welcher Maulwürfe vertreibt. Kann auch als Aufsitzmäher benutzt werden (ist aber nicht nötig) und meldet sich zwecks Ortung und Identifizierung mit „mäh" während der Arbeit. Kann sich selbst reproduzieren, ist voll recyclingfähig, sogar essbar. Benötigt statt unzuverlässiger Satelliten (GPS)- Steuerung nur äußere elektrische Begrenzung. Ist bei jedem Wetter einsetzbar. Kann bei Netzausfall ohne Treibstoff weiterbetrieben werden. Psychischer Nachteil: kann keine machohafte Einhebelsteuerung und nachbarschaftszerfetzenden Geräuschpegel anbieten.

Die Entdeckung dieser Vorteile organischer Technologie hat uns auf das Thema „Friesen" gebracht, wobei wir keine weißen nordischen Arbeitssklaven meinen, sondern schwarze. Auch wenn es vielleicht nicht der political correctness entspricht. Der diesjährige Besuch der Veranstaltung „Pferde **stark**" hat uns nicht nur für eine alternative Sicht begeistert. Auch neue Ideen für eine menschen- und tierfreundliche Technologie inspirierten uns zum Weiterdenken - und zum Gatterbau. Damit wir eventuell zugelaufene Tiere, die längerfristige Gäste sein möchten, beherbergen können.

Nicht selten kommen zwischendurch Überraschungsgäste auf unseren Hof. So war die Staatssekretärin des ägyptischen Energieministeriums im Zusammenhang mit einer Gruppe von Experten der regenerativen Energie bei uns zu Gast. Am Beispiel der alten Selbstbauwindkraftanlage wurde ihr verdeutlicht, dass die Innovationen und kritischen Alternativstrategien kaum von den multinationalen Konzernen zu erwarten sind, sondern eher von engagierten Querdenkern.

„Schwanger - wie krank ist das denn?“ titelte kürzlich ein Käseblatt. Pustekuchen! Die meisten wissen es bereits: *Anna* und *Lukas* haben ein wunderschönes Knäblein (*Milan Jakob*) auf dem **Hof** zur **Welt** gebracht. Es ist das dritte **Kind**, welches in diesem Jahr in Bramsche geboren wurde. Und das fünfte, das in diesem Jahrtausend bei uns das Licht von Pente erblickte (80 % Jungen). Aber das junge Paar wird uns Eingeborene demnächst verlassen, um der Sonne entgegen zu ziehen zu den südgermanischen Stämmen, in die Nähe der frisch gebackenen Omas und Opas.

Fünf Jahre hat *Lukas* mit großem Engagement, Zuverlässigkeit und Verantwortungsbewusstsein die CSA mit aufgebaut. Seine Lehre erfolgreich bei uns abgeschlossen. Eine hervorragende Meisterprüfung war seine fachliche Krönung. Wir alle haben eine Träne im Knopfloch und sagen **Danke**! Auch *Anna* wird uns fehlen. Sie sorgte mit für die kulturellen Impulse auf dem Hof. Nicht nur die wunderschönen **Hofkonzerte**. Den **Hofchor** leitete sie mit bezaubernder Geduld und unermüdlicher Ermutigung. Vielen herzlichen Dank! Beide wollen in Süddeutschland ebenfalls eine größere CSA Initiative weiterentwickeln. Wie heißt es schon in der Bibel: „Gehet hin in alle Welt und lehret alle Völker…“

Wie geht es **weiter**? fragen besorgte Stimmen. Unser verantwortungsbewusster Azubi *Paul* scharrt schon mutig mit den Hufen und will ein weiteres Jahr bei uns bleiben. Und zum 1. Oktober kommt zu seiner Unterstützung der neue Azubi *Josh Immendorf*. Er bringt Erfahrungen aus einem israelischen Kibbuz mit und war ein Jahr bei der CSA im indischen Auroville tätig. Insgesamt haben wir ein Superteam mit den beiden schon erfahrenen Gärtnergesellen *Jürgen* und *Helmut*, sowie *Jana* und *Anja*, den engagierten Azubis im Garten, und den schon zum festen Team gehörenden *Simon*. Aber auch die älteren des Hofes werden gebraucht. Die Unterstützung durch Mitglieder in Hof und Garten ist weiterhin notwendig und ausbaufähig.

Auf dem **Kinderbauernhof** leistet schon seit September *Christin* ihr freiwilliges Soziales Jahr. Sie hat Kulturwissenschaften studiert und ihre Magisterarbeit über den „Bitterfelder Weg" verfasst.

Für drei Monate ist die Brasilianerin *Gabriela* auf dem Kinderbauernhof als Praktikantin zu Gast. Sie hat in **Brasilien** Waldorfpädagogik studiert und will auch in ihrer Heimat den Ansatz der Handlungspädagogik verbreiten.

Am 16. Oktober plant der Chef der Schweizer Gemeinschaftsbank einen Vortrag zur Idee und Praxis der Gemeinwohlökonomie im Saal des Hofes.

Das CSA Modell findet auch im fernen **China** immer mehr Freunde. Wir sind zu einem internationalen **Treffen** der CSA- Initiativen vom 15. bis 22. November nach Peking eingeladen.
Eincr der bekanntesten Hirnforscher *Prof. Dr. Gerald Hüther* wird voraussichtlich am 24. November auf unserem Hof zu Gast sein. Dabei soll unser neues **Buch** zum Thema „**Dialogische Intelligenz**" vorgestellt werden, zu dem er ein Vorwort geschrieben hat. Zur öffentlichen Veranstaltung sind auch alle Mitglieder herzlich eingeladen.

Die Kartoffelexperten Keno und Friedmut begutachten den Bestand

Pflanze, so dass dein eigenes Herz wachsen kann.
Liebe, so das Gott denken wird: „Ohhhh,
In dem Körper dort habe ich einen Verwandten!
Ich sollte diese Seele öfters zu Kaffee und Kuchen einladen"
Singe, denn dies ist die Nahrung, die unsere hungernde Welt braucht.
Lache, denn das ist der reinste Klang.

Hafiz

Goldene Lichtfäden ziehen sich durch das rot gelb grüne Vlies des Morgendunstes, flirren durch den Blautag und funkeln sternverheißend in der abendroten Sonnenkugel. Das lebensfrohe Sommergrün zieht sich langsam zurück, um sich innerlich zu sammeln und alchemisch zu verwandeln. Die Schwalben verabschiedeten sich zügig, um in ihre südlichen Urlaubsgebiete zu entschwinden. Wildgänse und Kraniche riefen lautstark über unserem Hof ihre Kumpane zu fliegenden Pfeilen zusammen. Der September wollte seine Abschiedsvorstellung noch einmal vergolden, durch ein Hoch den Oktober einläuten und den Erntedank zum Klingen bringen.

Pünktlich konnte zum 25. September der neue, als Varustherme wieder ausgegrabene **Abholraum** provisorisch in Betrieb genommen werden. Der **Lehmbackofen** absolvierte seine erste Praxisprüfung sehr erfolgreich. Durch eine spezielle Luftführung konnte er sich allseitig aufheizen, so dass der Brennraum über 3 Stunden seine optimale Backhitze behielt. Spontan organisierte unser neues Mitglied *Ludwig* für das **Erntedankfest** einen leckeren **Pizzateig**. Begeisterte Kinderhände formten die zarten Millimeterplatten und schnippelten erwartungsfroh Paprika, Zwiebeln und Tomaten für den individuellen Belag. Über 200 Menschen, darunter zahlreicher junger Nachwuchs, belebten das Beisammensein. Mitglied *Martins* neue Band „The Last Drop" unterlegte die wundervolle Stimmung mit klassischem **Folksound** und herr-(oder eher: weib-)lich-em Gesang. Gottseidank weinte der Wettergott nicht vor Rührung, sondern schickte uns seine Herzenswärme. Mitglied *Johannes* **Seilakrobaten** hatten eine aufwändige Sicherheitstakelage für die Kistenkletterversuche in den alten Eichen gesponnen. Der neue Rekord mit atemberaubenden 30 Kisten wurde von *Lara* aufgestellt. Sie gewann einen freien Eintritt für den Hochseilklettergarten in Rulle. Der rotblitzende **Porsche Diesel** zog über 30 Neugierige übers Dreiländereck: die östlichen Hofgrenzen nach Schleptrup, dem nahen Süden Wallenhorst und wieder zurück nach Pente. Die Anbauplanung in der Feldwirtschaft wurde von *Paul* fachkundig erklärt. *Johannes* weihte in die geschichtlichen Geheimnisse von „Rosengarten", „Plaggenesch" und „Maienwiese" ein.

Höchste Zeit wurde es für die diesjährige **Kartoffelernte.** Am 28. September erlaubte ein stabiles Hochdruckgebiet endlich den Einsatz des Kartoffelvollernters. Zahlreiche Hände lasen fleißig auf dem Sammelband Steine und schlechte Kartoffeln aus. Die lange, extrem feuchte Wetterperiode mit anschließender Wärme hatten die Kartoffeln schon fast wieder in Keimstimmung versetzt. Am 30. September wurden über 300 Doppelzentner Linda, Solara und Belana eingelagert. Kühle Luft wird durch die Gebläsetunnel unterirdisch ins Lager geführt, damit sich die leckeren Knollen beruhigen, ihre Schalenhaut pflegen können und sich auf den Winterschlaf vorbereiten. Weil der Platz diesmal im Kartoffellager nicht ausreichte, wurde noch eine Erdmiete angelegt.

Die Gewächshäuser wurden geräumt, um den jungen **Salatpflänzchen** für die Winterzeit reichlich Platz zu verschaffen. *Jürgen* stellte in seiner Ernteauswertung fest, dass pro m² den Mitgliedern fast 10 kg **Tomaten** zur Verfügung gestellt werden konnten. Mit dem Ergebnis dieser (unbeheizten!) Gewächshauskultur sind wir sehr zufrieden. **Möhren, Endivie, Zuckerhut** und **Sellerie** reifen prächtig heran und können hoffentlich gut eingelagert werden. Das fleißige Eichhörnchen scheut den Winter nicht.

Auch die diesjährige **Kohlernte** ist üppig ausgefallen. Großen Aufwand mussten wir immer wieder betreiben, um unseren Kohl vor den heimtückischen Attacken des hübschen **Kohlweißlings** zu schützen. **Kulturschutznetze** wurden mit vielen Händen immer wieder sorgfältig herab genommen und wieder aufgelegt, um zwischendurch die Bearbeitungsvorgänge vornehmen zu können. Der gefräßige Raupennachwuchs ist sonst in der Lage, die gesamte Ernte innerhalb kürzester Zeit zu vernichten. Dabei hat der Kohlweißling sich eine sehr clevere Technik zugelegt, um bereits die ersten zarten morgendlichen Sonnenstrahlen einfangen zu können. Vor dem Start hält der Kohlweißling seine V-förmig geöffneten Schmetterlingsflügel ins Tageslicht und lenkt die Sonnenstrahlen auf seine Flugmuskulatur. Daher kann er auch bei kühlen Temperaturen schon frühmorgens munter umher flattern, um den Kohl zu entern. Bionik Forscher nutzen neuerdings die V-Form für die Gestaltung neuartiger Solarpanelen mit dem optimalen 17° Winkel und steigern dadurch die Energieausbeute um bis zu 50 %. Soweit von der Ambivalenz eines Gemüseschädlings bis zum Konstruktionsvorschlag für die **Solartechnik**. Der Kohlweißling hatte offensichtlich sein Entwicklung noch nicht beim Europäischen Patentamt schützen lassen. Es bleibt abzuwarten, ob er seine Flugtechnik auch künftig noch unentgeltlich nutzen darf.

Pünktlich zum **25. Jahrestag** des Untergangs der **DDR** wurden unsere künftigen **Junghennen** aus der letzten DDR Ökozüchtung durch die **Bundesluftwaffe** vernichtet. Unsere Junghennen werden in einem Aufzuchtbetriebe in Ahlhorn bis zur Legereife gepflegt. Ihr erster Ausflug in den Wintergarten, wo sie fröhlich in Cafelaune sonnenverwöhnt flezten, endete für die Flügeltiere mit einem Schock. Aufgrund der Ukraine Krise müssen die jungen Kampfpiloten verschärft Tieffugübungen mit ihren Düsenjagdbombern veranstalten. Der Scheinangriff auf unseren Partnerstall forderte 742 Todesopfer. Aus Angst und Schrecken vor dem ohrenbetäubenden Lärm des Tornado Kampfgeschwaders erdrückten sich die Federtiere in einer Stallecke. Kollateralschaden der Luftwaffe und der Ukraine Krise. Händeringend bemühten wir uns um Ersatz, damit wir eine größere Eierkrise verhindern können. Vielleicht gelingt es uns sogar noch, das zweite Hühnermobil winterfest zu machen, um den Osterhasen zu entlasten.

Der **Volkswagen**, der noch 1941 als Kübelwagen der deutschen Wehrmacht im russischen Winter vor Moskau verreckte, war im Jahre

2015 im Begriff, weltweit siegreich zu Nummer eins zu werden. Dabei hielt er die Prinzipien der freien Marktwirtschaft und der Kundenorientierung so hoch, dass er selbst darunter bequem durchschlüpfen konnte. Und wir haben bei uns auf dem Hof noch ein Geheimrezept, das den Stern von Wolfsburg vor dem Untergang retten könnte: Den **Elsbett**. Der Elsbettmotor ist in einen 30 Jahre alten **Passat** eingebaut. Das Geheimnis dieses genialen Motors, der ohne Elektronik und Kühlung auskommt, liegt in seinem Brennraum. Die eingesaugte kalte und damit schwerere Luft kühlt in einem Minitornado über die Zentrifugalkräfte die Zylinderinnenwand. In seinem Luftwirbel im Zentrum findet die Zerstäubung des Diesels oder des Pflanzenöls statt. Dabei wird die Verbrennungsenergie von der Zylinderaußenwand über die kalte Luft isoliert und fast vollständig in Bewegungsenergie umgesetzt. Bei einem konventionellen Motor werden etwa 65 % über die Kühlung sinnlos vernichtet. Der Rest muss noch die Wasserpumpe und den Kühlventilator antreiben, sowie über den höheren Luftwiderstand des Wasserkühlers weitere Verluste in Kauf nehmen. Dieser Elsbettmotor war mit einem Verbrauch von 3,51 l auf 100 km Sieger der „Eco Tour of Europe" des ADAC 1991. Da diese Tour von Mineralölkonzernen gesponsert wurde, hat der ADAC dieses Ergebnis untertänigst unterschlagen. In der Bibel gilt die Farbe Gelb als die der Lüge, auch wenn damit angebliche Engel verkleidet werden. Der VW-Gottvater *Ferdinand Piech* hat diese Konstruktion, trotz Überlegenheit, damals abgelehnt und entschied sich für den komplizierten, elektronisch aufgemotzen TDI, der immer noch nicht an die niedrigen Verbrauchswerte des Elsbett heranreicht. Zudem wurde durch die spezifische Thermik des Elsbettmotors das Stickoxid Abgasproblem gelöst, woran VW nun scheiterte. Wir wollen den Passatklassiker demnächst als „Denk-mal!" und als Betriebsfahrzeug herrichten. Übrigens: kurz vor dem Untergang der DDR wurde ein **Traktor** von der IFA Nordhausen und der DMS Schönebeck mit dem Elsbettmotor im Serienvorlauf für die Serienproduktion erfolgreich getestet. Die **Treuhand** hatte nichts Eiligeres zu tun, als den fähigen Geschäftsführer abzusetzen und durch einen willfährigen Wessi zu ersetzen, der die

Konstruktion in den **Bankrott** trieb. Wie bringt man Gott zum Lachen? Indem man Pläne macht.

Kürzlich im Bioladen: Die Regale mit **Mandeln**, Mandelmus, et cetera komplett leer. Da fragt man sich, fängt das hier auch schon so an wie im DDR-HO mit den Bananen? Nein, ein Schild weist darauf hin, dass aufgrund der katastrophalen Mandelernte in Kalifornien, wo die Bäume reihenweise vertrocknen und umfallen, die **Preise** enorm gestiegen sind. Der Ladendiebstahl dieser Kostbarkeit nahm so zu, dass diese nur noch beim Personal an der Kasse erhältlich ist. Ein Beispiel für die Absurdität der herrschenden **Wirtschaftstheorie** und Praxis. Optimale **Ressourcenallokation** nennt man das. Wenn es noch so geringe Standortvorteile für die Mandelbäume in Kalifornien gibt, konzentriert sich dort nach und nach die gesamte Weltproduktion. Griechische, italienische, oder afrikanische Bauern haben das Nachsehen und sehen sich gezwungen aufzugeben. Alles auf der Welt kann schließlich transportiert werden. Der Handel zählt! Diversifizierung, Vielfalt, kleine bäuerliche Anbauformen zählen nicht. So wird diese Welt immer **krisenanfälliger**. Und wenn das Kapital immer schneller und freier zu den optimalsten Märkten wandert, warum sollten das nicht auch die Menschen tun?

Mittlerweile dämmert es manchen Menschen, dass die aktuelle **Fluchtwelle**, welche die Form einer Völkerwanderung anzunehmen scheint, konkrete **Ursachen** hat. Seit Jahrzehnten ist bekannt, dass viele Kleinbauern, vor allem in afrikanischen Ländern, Opfer einer Ausgrenzung von Seiten der politischen, wirtschaftlichen und finanziellen Eliten sind. (*Jean Feyder*, „Mordshunger, wer profitiert vom Elend der armen Länder?“). Die Handelsabkommen mit diesen Ländern bescheren ihnen Nahrungsmittel zu Dumping-Preisen, welche die lokalen Märkte überschwemmen. Billiges Hühnerfleisch, Reis, Tomatenpulver und Milchpulver zerstörten die Lebensgrundlagen der lokalen Produzenten. Die Folgen können wir heute sehen. Perverserweise wollen sich auf der Klimakonferenz in Paris die multinationalen Konzerne, welche zu diesem Elend beitragen, als Retter in der Klima- und Armutskrise präsentieren. Als wenn sie Teil einer Lösung wären. Dabei sind sie Kern des Problems. Die Wirtschaftsflüchtlinge *Müller* (Milch), Amazon und andere finstere Kumpanen sonnen sich derweil in EU-Chef *Junkers* Steuerluxusoasen. Und **TTIP** wird die **Fluchtursachen** noch **verschärfen**. Auch die Folgen der US-amerikanischen **Destabilisierungspolitik** im Nahen und mittleren Osten werden bei uns nun handgreiflich spürbar. Afghanistan, Irak, Libyen, Syrien, Jemen wurden in der Folge dieser Intervention zu „filed states", die den Menschen außer Elend nichts mehr zu bieten haben. Der Generalstabschef der US-Armee *Wesley Clark* erklärte schon vor einigen Jahren, dass er den Auftrag habe, 5 bis 6 islamische Staaten zu destabilisieren. Der IS ist ein logisches Gewächs dieser Entwicklung. Finanziert von unseren Öl-Bündnispartnern, den Saudis, und komplett ausgerüstet mit US-amerikanischen Waffen. (Literaturempfehlung: *Michael Lüders*, Wer den Wind sät. Was westliche Politik im Orient angerichtet). Die Lüge, dass die USA einen Krieg gegen den Terrorismus führen, glaubt mittlerweile nur noch jemand, dem man auch erzählen kann, dass Zitronenfalter Zitronen falten. In den USA sind allein von 2004-2013 316.545 Menschen durch eigene Schusswaffen zu Tode des gekommen. 313, also nicht mal 1/1000, ein Promille, sind in der gleichen Zeit im Rahmen von Terrorakten getötet worden. Einen Erkenntnisvorteil hat diese aktuelle Flüchtlingskatastrophe. Wir können die Wirkungen des Handelns unserer Handels- und Wirtschafts- und Finanzpolitik nicht mehr verdrängen. Und plötzlich werden *Putin* und *Assad* zu Menschen, mit denen man doch vielleicht reden sollte. Vielleicht erspart uns ja die Herausforderung dieser Flüchtlingsbewegung einen Krieg mit Russland um „unsere" Ukraine und „unsere" Krim.

Die Unterwerfung der Staaten durch das **Handelskapital** hat Geschichte. Als China sich im 19. Jahrhundert weigerte, die Grenzen für das Opium Geschäft der britischen East India Compagnie zu öffnen (Opiumkrieg, Boxeraufstand) wurde kurzerhand in einer „Koalition der Willigen" das Militär geschickt. Denn Unbotmäßigkeit konnte der Westen ja nicht dulden. Dafür gibts gehörig was aufs Maul (oder im Sinne der Nachhaltigkeit gleich den Kopf ab) „damit kein Chinese es je wagt, einen Deutschen auch nur scheel anzusehen" (Kaiser *Wilhelm* im Jahr 1900 bei der Verab-

schiedung deutscher Marinesoldaten nach Tsingtao in Wilhelmshaven).
Tja, Ordnung muss sein, deshalb heute TTIP. Und die Zeit für angloame-
rikanische Kanonenboote auf dem Jangtse oder der Elbe sind scheinbar
vorbei. Denn: Hollywood sorgt für eine weiche Birne, Coca-Cola aus
Zuckerwasser für dicke Bäuche und McDonalds für Wehrkraftzersetzung
durch Fett statt Muskeln. Immer mehr Menschen gelangen zu der Annahme, dass Arbeit mittlerweile eine höchst altmodische Form der Vermö-
gensbildung ist. *Henry Ford* sagte einmal, wenn die Leute begreifen würden, wie eine Bank funktioniert, gäbe es am gleichen Tag noch eine Revo-
lution.

Immer wieder haben wir **PraktikantInnen** auf dem Hof. Überwie-
gend sind es Mädchen aus den neunten Klassen der Waldorfschulen aus
ganz Deutschland. Für drei Wochen führen sie ein bescheidenes arbeitsrei-
ches Leben wie freilaufende Rumänen in Containerhaltug. Sie hacken, jä-
ten, ernten im Garten und versorgen das Vieh. Für manche junge Mädels
ist das eine ziemliche Challenge (früher sagte man Heimweh). Nach über-
standener Midlifepraktikumskrise verlassen sie, in der Regel um zahlreiche
Erkenntnisse und Arbeitserfahrungen reicher, gestählt und dankbar den
Hof. Wir stellen aber auch die Folgen einer zunehmenden Sucht der Han-
dyjunkies fest. Diese reichen von **Handyautismus** bis zur Nabelschnur-
plapperabhängigkeit von Helikoptereltern. Letzteres führt dazu, dass viele
normale Lebensregungen zur lebensbedrohlichen Wasserstandsmeldung
bis hin zur Sturmflut ausarten können. So wurde von einem anderen Hof
berichtet, dass eine Praktikantin gepostet hatte, dass sie gemobbt worden
sei. Innerhalb von Stunden wurde daraus in der virtuellen Followerwelt
ein massiver Vorfall, der einen veritablen Shitstorm gegen den bösen Hof
auslöste. Die Nutzerin, danach gefragt, wunderte sich, denn das sei ja nur
lustig gemeint gewesen. Mittlerweile sei sie sogar auf Tuch-(wenn nicht
gar Haut-) Fühlung mit dem betreffenden Delinquenten gegangen. *Julia*
sammelt daher inzwischen für die Arbeitswoche die Handys ein. Auch
wenn schwerste Entzugserscheinungen, einschließlich zuckender Daumen
und verzweifelter Rückfall in den Umgang mit gebunden Buchstaben-
sammlungen, sowie Eigendenkbewegungen die Folgen sein könnten. Und

verfährt zunehmend nach der alten Beschwerdeordnung des preußischen Militärs: Zwischen meldefähigem Vorfall und der Vorbringung der Beschwerde müssen mindestens 24 Stunden vergangen sein. Merke: Der Mensch ist in der virtuellen Welt zwar unsterblich aber jederzeit löschbar. Oder anders, die Menschen begehen einen schleichenden Selbstmord in der Realwelt und sterben in eine virtuelle Welt hinein.

Die niedersächsische Landesregierung hat eine **Tierwohlinitiative** gestartet. Danach soll es künftig Prämien für die Bauern geben, welche den Schweinen ihre **Schwänze** lassen und ihnen mehr Freiheit geben. Und auch für diejenigen, welche den Hühnern die **Schnäbel** nicht abbrennen. Wie toll! Endlich wird unser Aufwand für den Tierschutz belohnt: Denn wir lassen die Sau raus! Und die anderen Schweinereien machen wir auch nicht mit. Aber Bestände wie unsere sind teilweise zu klein, um überhaupt Anspruch auf diese Prämie zu begründen. Aber Anträge haben wir trotzdem gestellt. Bei den Hühnern ist die **Ablehnung** schon **gewiss**. Denn wir müssen dann wenigstens 350 Tiere einstallen, um anspruchsberechtigt zu sein. Und es wird bei Antragstellung genauestens nachgezählt, hat man uns schon angedroht. Wenn der Habicht dann zuschlägt, schlägt der Prüfer auch zu. Rückzahlung der ganzen Prämien und Strafen drohen. Mehr als 350 Tiere in der CSA zu halten, ist auch ein Problem, dann kommt das Landesamt LAVES und möchte jedes Ei gestempelt haben. Außerdem schreibt die Landwirtschaftskammer vor, dass der Kreisveterinär die Haltung abnehmen muss. Dieser erklärt auf Anfrage: Ich kann nicht kommen, weil die Haltung zu klein ist. Die Kammer sagt, ohne Veterinär leider keine Prämien. Heiliger Bürokratian, verschon unser Haus, zünd andere an.

Es gibt auch hoffnungsvolle Nachrichten: Der französische Landwirt *Paul Francois* hat in einem wegweisenden **Urteil** vor dem Berufungsgericht in Lyon **gegen** den **Pestizidmulti** Monsanto **gesiegt** und muss „vollumfänglich" für seine erlittenen Gesundheitsschäden entschädigt werden. Natürlich gibt Monsanto nicht klein bei und will das Urteil vor dem Kassationsgerichtshof anfechten.

Die EU Kommission wollte ja eigentlich im Zuge einer neuen Öko-verordnung in einem Anfall hochgradiger Perversion die **Öko-Betriebe** für die Schäden in **Haftung** nehmen, die ihnen durch Pestizide von **konventionellen** Landwirten zugefügt werden. Immer mehr Menschen scheint zu dämmern, dass diese Form genialer Lobbyarbeit der Agrargiftmultis wohl doch offensichtlich zu überspannt ist und dem Fass den Boden ausschlägt.

Dem Bundesamt für Risikoverharmlosung (BfR) wurde endlich nachgewiesen, dass es die Bevölkerung jahrelang über die nachweisliche Krebsgefährdung durch Glyphosat belogen hat (ARD Fakt vom 20.10.15)

Am 5. Oktober wurde unser **Lichtkornroggen** für seine winterliche Entfaltung ins gut vorbereitete trockene Saatbett gelegt. Über 1000 Flaschen köstlichem Apfelsaft konnte aus den fast 2.000 kg Falläpfeln gewonnen werden.

Wir freuen uns, dass der diesjährige **Friedensnobelpreis** an die Repräsentanten des **Dialogprozesses** in Tunesien gegangen ist. Dialog war das Mittel der Wahl und hat dieses Land bislang vor Chaos und Bürgerkrieg bewahrt. In unserem neuen Buch „Dialogische Intelligenz" wird auch ein tunesischer Dialogprozess Begleiter in einem kurzen Beitrag über die Wirkung des Dialogprozesses in seinem Land berichten.

Am 12. Oktober waren wir die „**Station** der **Hoffnung**" des ökumenischen **Pilgerpfades** der Kirchen. Der 1470 km lange Pilgerweg soll unter dem Motto „**Klimagerechtigkeit**", ausgehend von Flensburg nach Paris führen, wo vom 30. November bis 11. Dezember die UN **Klimakonferenz** stattfindet. Wir sind aber nicht sicher, ob unsere Kompostanlage Santiago de Compostella auf Dauer den Rang ablaufen kann.

Unsere wirtschaftliche Situation ist auf einem engen Gürtelniveau stabil. Die schlaraffige Lage zeigt sich auch darin, dass sich Julia und Tobias mit ihren Kindern nach fünf Jahren CSA erstmals einen mehrtägigen Luxusurlaub im Zelt am Baggersee an der Autobahnabfahrt Holdorf leisten konnte.A nsonsten gehen wir immer noch freudig erregt unserer Arbeit nach. Wer lachen will findet wenig Schlaf. Herzliche Herbstgrüße. Euer Team vom CSA-Hof Pente

Draußen,

vor der Vorstellung von
Recht machen und
falsch machen
ist ein Feld.
Da will ich mich mit dir treffen.
Wenn die Seele
sich dort ins Gras legt,
ist die Welt zu voll,
um darüber zu reden.

Rumi

Windige Nebelfetzen treiben über die Felder. Graue Bäume stecken ihre müden Häupter in die winterkühle Erde. Zarte Lichtmomente verlieren Farbschatten in der schwarz-weißen Landschaft. Mit Wohligem-in-sich fühlen verziehen Mensch und Tier sich in ihre kuscheligen Wohnstätten. Sie warten auf das Licht, damit sie in ihrer Erschrockenheit nicht erstarren. Das Versprechen kindlichen Keimens lässt die Hoffnung auf kommendes Wachsen leuchten.

Lange Reihen herrlich duftender **Möhren** haben ihren Weg von ihren fruchtbaren Heimatdämmen ins Winterlager gefunden. 7000 Kilo Oxhella warten auf ihre Wertschätzung. Alle sind von Hand geerntet, sortiert und eingelagert worden. Beschädigte oder sonst sichtbar beeinträchtigte Exemplare wurden als erste abgegeben, damit nur die besten ihre vielwöchige Zeitreise antreten können. Da unsere Kühlhäuser in diesem Jahr sehr schnell ihre Kapazitätsgrenze erreicht haben, sind Tausende **Sellerie** und **rote Beete** im Sandlager der Erdmiete eingebettet worden. Wir haben vor, im Winter einen Plan für einen etwas professionelleren Gewölbe-Erdkeller zu entwickeln.

Das große 1000 l **Sauerkrautfass** ist randvoll mit Kohlschnipseln, die an ihrer Milchsäuregärung arbeiten. Die neue gebrauchte Handkurbel

Schnitzelmaschine hat ihre erste Bewährungsprobe bestanden. Frische junge Kräfte versuchten sich im Kurbelwettbewerb. Den einsamen nonstop Rekord von 30 min und 40 s erreichte unser Mitglied *Lennert*.

Die **Schweine** genossen in der Spätherbstsonne die letzten Schlammbäder und rutschten jauchzend noch einmal in ihre Suhle, warfen sich fröhlich um und verziehen sich nun in ihre strohgepolsterten Hütten am neuen Winterstandort. Besonders verwöhnt wurden sie in diesem Jahr von den Kindern, die enorme Mengen an **Eicheln** eingesammelt hatten. Mit strahlendem Lächeln grunzten die Schweine zufrieden, ohne einen Nussknacker zu benötigen.

Auf intensives Bitten ihrer Artgenossinnen **Roberta** und **Edeltrud**, die wochenlang Friedensverhandlungen mit uns führten, haben wir dem Ansinnen der **Althennen** auf Winterurlaub auf dem Bauernhof stattgegeben. Die Anzahl der Überlebenden hat sich in diesem Jahr enorm reduziert durch die in Form von Jungfüchsen wiedergeborenen, oder gar durch Himmelfahrt von Habichtsgnaden nach höherem Strebenden. Etwa 70 Opfer sind auf dem Feld der Eierehre geblieben. Das Selbstbau-**Hühnermobil** „Schildkröte" wurde nun winterfest gemacht. Es besteht aus dem Fahrwerk einer alten Sämaschine, einer gebrauchten Schweinehütte und Resten eines alten Getreidesilos. Das Dach bekam eine isolierte Doppelwandung, der Wintergarten wurde mit Doppelstegplatten verglast und *Jürgen* baute eine autarke LED Lichtanlage ein. Damit können wir nun den meisten Althennen eine zweite Legeperiode ermöglichen und insgesamt unseren Hühnerbestand um 50 % erhöhen. Die Unterhändlerinnen *Roberta* und *Edeltrud*, sowie die Hähne *Emil* und *Günter* sind sichtlich zufrieden mit dem Ergebnis ihres vereinten Bemühens um die Lebensverlängerung ihrer Schutzbefohlenen. Obwohl es zunächst verständlicherweise einen kleinen Schock gab, wenn man ruhig stehend oder auf den Sitzstangen schlafend, überraschenderweise gepflückt wird, um in etwas Neues, Unbekanntes umzuziehen.

Das Winterfutter für die **Rinder** und **Schafe** konnten wir durch eine reiche Silageernte aus der Kräuterwiese eines von uns gepachteten Flusstales sicherstellen.

Am Freitag, den 30. Oktober, haben wir bei goldenem Sonnenschein unseren **Mais** dreschen können. Er wird die Mägen unserer Hühner erfreuen und diese werden ihn dafür dankbar in goldgelbe Dotter verwandeln. Trotz der dreisten Diebesvögel und Saaträuber haben wir immerhin einen für uns guten Ertrag von fast 7000 kg/ha eingelagert.

Wir sind immer wieder erfreut über die zahlreichen Meldungen unsere Mitglieder über die Qualität der geernteten Früchte, besonders dann, wenn sie eine positive **gesundheitliche Wirkung** auslösen. So schrieb unser Mitglied S. „Eigentlich habe ich eine nachgewiesene Weizenunverträglichkeit. Laut der medizinischen Tests vertrage ich ausschließlich Dinkel... Alles andere lässt meine Haut „blühen", ich fühle mich schlapp und haben oftmals Blähungen und Völlegefühle. Nachdem ich leider kein Dinkelkorn bei der Abholung fand, habe ich begonnen mit Weizen zu experimentieren. Zunächst ganz vorsichtig und seit neuestem auch mit größeren Mengen... Ergebnis: keine Hautirritationen, kein Schlappsein oder Blähungen. Wir haben uns ganz bewusst für den CSA Hof entschieden -hauptsächlich wegen der Grundhaltung, die hier vertreten wird. Inzwischen frage ich mich natürlich, ob ich bisher eine Unverträglichkeit gegenüber dem Weizen hatte, oder ob es an der Art des Anbaus liegt, dass ich allergisch reagiert habe? Also war es der Weizen oder die Manipulation des Getreides, um höher schneller und weiter zu kommen? Wie auch immer, uns schmeckt es nicht nur besser, wir ist vertragen es auch besser ☺"

Zu Weihnachten werden wir voraussichtlich die ersten Gläser unserer diesjährigen **Honigernte** abgeben können.

Die diesjährigen **Klimaschutzverhandlungen** in Paris haben auch den Energieverbrauch und die Klimawirkungen der Landwirtschaft auf der Tagesordnung. Er stellt sich heraus, dass bei industrieller Großflächenwirtschaft **mehr** fossile **Energie** verbraucht wird als am Ende in der verzehrten Nahrung steckt. Denn außer der Energie, die für die eigentliche Produktion nötig ist, müssen auch die Transporte berücksichtigt werden, die Herstellung von Verpackungsmaterial, Kühl-und Trocknungsenergie, die Herstellung und der Einsatz von synthetischem Dünger, Pestiziden und anderen Agrochemikalien. In der intensiven Landwirtschaft muss ein

Aufwand von 10 kcal eingesetzt werden, um 1 kcal an Nahrung zu erzeugen. In einer kleinbäuerlichen ökologischen Landwirtschaft können aus etwa 1 kcal zugeführter Energie bis zu 10 kcal in Form von Nahrung entstehen.

Besonders extrem ist der Energieverbrauch bei der Erzeugung von **Fleisch** (Ökologie & Landbau 4/2014). Wir sind gespannt, ob sich diese klaren Ergebnisse auch in den Abschlussdokumenten der Klimaschutzverhandlungen widerspiegeln werden, oder welche Worthülsenfrüchte, die nur Blähungen verursachen, von den Lobbyisten eingemogelt werden.

Was den Fleischverbrauch betrifft, hat die Weltgesundheitsorganisation einen Warnhinweis vor Krebsgefahren ausgesprochen. Wenn man aber genauer liest, geht es in erster Linie um den **zu hohen Verbrauch** an Fleisch insgesamt und um **industriell** erzeugtes und verarbeitetes rotes Fleisch. Wir hatten schon Massentierhalter zu Besuch, die hinter vorgehaltener Hand flüsterten: Igitt, ich eß doch unsere Schweine nicht! Irgendwie scheint es manchmal ein gespaltenes Bewusstsein zu geben. Von Greenpeace hatten wir einmal gehört, dass die großzügigsten Spender die Frauen der Vorständler der großen Chemiekonzerne seien. Der Ablasshandel scheint nicht nur im Mittelalter zu blühen.

Der Chef der Bundesanstalt für Risikoforschung hat im Zusammenhang mit dem **Glyphosatskandal** in bemerkenswert naiver Offenheit seinen **Risikobegriff** zur Kenntnis gegeben. Als Begründung für seine Unterschlagung von Studien, die eindeutig auf das Krebsrisiko dieses Pestizids hinwiesen: Eine Offenlegung dieser **Krebsrisiken** sei

riskant für die **Gewinnerwartungen** der **Konzerne** gewesen. Ein **vorauseilender** Gehorsam und eine atemberaubende Risikodefinition, die künftig mit dem **Freibeuterabkommen** TTIP **flächendeckend** angewandt werden soll. So wurde mit dieser Begründung vor kurzem Uruguay von dem Konzern Philipp Morris verklagt, weil dieses Land gesetzlich Warnhinweise auf Zigarettenschachteln vorgesehen habe. Und wenn Unternehmen noch nicht klagefreudig genug sind, gibt es jetzt **Anwaltskanz-**

leien mit dem **Geschäftsmodell**, Konzerne darauf hinzuweisen, irgendjemandem zu verklagen, der angeblich ihre „legitime Gewinnerwartung schädigt", um sich anschließend - nach erfolgreichem Raubzug gegen Bürger und Staaten - die Beute zu teilen. Es hat sich kürzlich auch herausgestellt, dass durch dieses Freibeuterabkommen den, ach so armen Pharma-Unternehmen, faktisch gestattet würde, ihre Monopole bei patentierten Medikamenten unendlich zu verlängern, um preiswerte Generika vom Markt fernzuhalten (Blätter für deutsche und internationale Politik 11/15). Als Konsequenz aus diesen Beobachtungen ist **Uruguay** aus den Verhandlungen um das **Freihandelsabkommen** TISA **ausgestiegen**. Eine mehrmonatige Debatte fand heraus, dass dieses Abkommen der Agrarwirtschaft, dem Tourismus und dem Gesundheitssystem enorme Risiken gebracht hätten. Dabei wurden auch **mangelnde Sachkenntnis** und **dreiste Lügen** über dieses Abkommen ausgeräumt. So hatte der Vorsitzende des Nationalen Softwareverbandes sich in der naiven Annahme für dieses Abkommen ausgesprochen, in der Hoffnung, dass es tatsächlich um Freihandel für Dienstleistungen geht und daher die eigenen IT Experten künftig ihre Geschäfte auf das Gebiet der USA ausweiten könnten. Denkste! Die USA haben gleichzeitig beschlossen, sich über die **Beschränkung** der **Reisefreiheit** für Dienstleister, Konkurrenz vom Markt zu halten. Dieses war vor dem Beginn der Verhandlungen noch nicht einmal dem Branchenverband klar gewesen. Von wegen freie Entfaltung von Handel und Dienstleistungen!

Die gleiche Erfahrung musste jüngst der Bundestagspräsident *Lammert* machen. In naiven USA-Vertrauen ging er tatsächlich davon aus, das den Bundestagsabgeordneten selbstverständlich die Vertragsunterlagen, über die sie schließlich abstimmen sollen, zugänglich gemacht werden. Irrtum! Der **Lobbyistenklüngel** bleibt unter sich, scheinbar als Vorstandssitzung der wohlorganisierten Finanzmafia. Manchem Politiker können Lobbyisten offenbar auch erzählen, das Waterboarding eine lustige US-amerikanische Variante von „Alle meine Entlein...(Köpfchen unter Wasser...)" ist.

Singapur, eine zentrale Drehscheibe des internationalen Handels, ist bezeichnenderweise ebenso wie Uruguay aus den Verhandlungen um **Freihandelsabkommen ausgestiegen**. Das sollte zu denken geben.

Welchen Geldes Kind sie sind, hat die Mehrheit der Abgeordneten des EU-Parlaments jüngst gezeigt. Das Prinzip der **Netzneutralität**, der Kern des Internets, wurde **zerstört** und für das **Finanzkapital** und die Konzerne wurden **Sonderrechte** eingeräumt. Dabei ist Neutralität Voraussetzung für die Chancengleichheit der Bürger und zentral für die Marktchancen der kleinen und mittleren Unternehmen. Welche Bedeutung dieses Thema hat, zeigt sich auch darin, dass weitgehend unabhängig von der Beachtung durch die Öffentlichkeit und der Medienberichterstattung ein neues gigantisches **Hochgeschwindigkeitsatlantikunterseeglasfaserkabel** zur privatkapitalistischen Nutzung verlegt worden ist. Die Hedgefonds und andere Finanzspekulanten werden damit in die Lage versetzt, den Bürgern pro Millisekunde 100 Millionen $ bedingungslos und arbeitsfrei aus der Tasche ziehen.

Da ist es ja noch vergleichsweise lustig, wenn uns die **Brandversicherung** ihren Vertrag mit der Begründung kündigt, der sei viel zu alt. Aber uns einen neuen mit einem dreifach höheren Beitrag für die gleiche Leistung anbietet und das Ganze mit einer Tüte Gummibärchen versüßt.

Auch im Kleinen versuchen wir an der **Artenvielfalt** mitzuwirken. 1994 wurde im südlichen Landkreis Osnabrück als letzter Bestand in ganz Niedersachsen ein Restvorkommen des **Echten Frauenspiegels** entdeckt. In Zusammenarbeit mit der Naturschutzstiftung des Landkreises Osnabrück haben wir nun an einer geheimen Stelle einige wenige Gramm des kostbaren Saatguts dieser kleinen blau violetten Blume zur Vermehrung ausgesät.

Am 28. Oktober verabschiedeten sich *Anna Sophie, Lukas* und *Milan Jakob* Dreyer endgültig von unserem Hof, um frohgemut den Reyerhof in Stuttgart als (D)reyerhof mit CSA weiterzuentwickeln. Voller Wehmut und Demut wurde gesungen und Erinnerungen ausgetauscht und der positiven gemeinsamen Zeit gedacht. Helmut und die anderen vom Hof buken bayerische Brezeln, rührten Obatzda und andere Köstlichkeiten. Wir wünschen einen frohgemuten Start in der neuen Heimat.

Herzliche Grüße vom Kaff der guten Hoffnung. Die besten Wünsche zu Weihnachten und nicht zu viele Lustabwehrraketen für das neue Jahr euer Team vom CSA Hof Pente.

Bunte Bentheimer im Winterfell (Foto: Chrischan Sperber)

Dekade Biologische Vielfalt UN-Auszeichnung für CSA-Hof Pente

Holger Schulze 27.4.2015

Mit seiner Hofgemeinschaft, Bramsches Bürgermeister Heiner Pahlmann und Landrat Michael Lübbersmann freute sich Tobias Hartkemeyer (mit Mütze rechts im Bild) über die Auszeichnung der UN. Foto Holger Schulze

Pente. Der CSA-Hof Pente ist in die Reihe der „offiziellen Projekte der UN-Dekade Biologische Vielfalt" aufgenommen worden.

Ein vielfältiges Kommen und Gehen herrschte am Freitagnachmittag auf dem Hof in Pente. Nicht nur, dass sich die 250 Mitglieder dieser „Gemeinschaftsgetragenen Landwirtschaft" ihre Wochenkisten zusammenstellten und mitnahmen. Mit Landrat Michael Lübbersmann und Bürgermeister Heiner Pahlmann waren auch zwei Besucher aufgrund der Auszeichnung auf dem Hof.

„Schön, dass ihr prämiert wurdet und damit auch wahrgenommen werdet", eröffnete Heiner Pahlmann die kompakte Reihe der Grußworte. Selbst seit dem Winter Mitglied dieser Form der Landwirtschaft, spürte der Bramscher Bürgermeister auf dem Demeterbetrieb von Tobias Hartkemeyer „eine unheimliche Vielfalt" und zeigte sich „beeindruckt, was es selbst im Winter alles noch gab und wie voll die Kiste wurde".

Ein „tolles Projekt" zu sein bescheinigte ebenfalls Michael Lübbersmann dem Hof. Die Art der Landwirtschaft sei auch deshalb „ein beeindruckender und besonderer Ansatz, weil er zum Umdenken und zu einem neuen Blick auf die Werthaltigkeit von Natur und Landschaft" anregen würde sowie letztendlich auch deutlich mache, welchen Einfluss das Verbraucherverhalten auf die Produktionsweise ausüben könne. Wie es auf dem Hof konkret aussieht, ließ sich Lübbersmann anschließend bei einem Rundgang erläutern.

Erhaltung des Echten Frauenspiegels

Der

CSA Hof Pente

engagiert sich für den Erhalt und die
Verbreitung des Echten Frauenspiegels
(*Legousia speculum-veneris*).

Ehemals war der Echte Frauenspiegel ein weit verbreitetes Ackerwildkraut. Aufgrund der Intensivierung der landwirtschaftlichen Nutzung aber ist die hübsche Pflanze bundesweit stark zurückgegangen und gilt in Niedersachsen als vom Aussterben bedroht.

Als floristische Sensation wurde im Jahr 1994 ein Restvorkommen des Echten Frauenspiegels im südlichen Landkreis Osnabrück entdeckt – es handelte sich um den letzten Bestand in Niedersachsen! Seither setzt sich die Naturschutzstiftung des Landkreises Osnabrück dafür ein, das zierliche Ackerwildkraut zu erhalten und durch Ansaatversuche wieder in unsere Kulturlandschaft zu integrieren.

In Zusammenarbeit mit engagierten Partnern aus der Landwirtschaft wurde bisher erreicht, dass der Echte Frauenspiegel mittlerweile wieder auf mehreren Äckern unserer Region zu Hause ist.

"Zukunft der Landwirtschaft" Lebhafte Agrar-Diskussion auf dem CSA-Hof in Pente

Heiner Beinke – Bramscher Nachrichten 25.06.2015

Dichtgedrängt saßen die Zuhörer bei der Podiumsdiskussion zum Thema Landwirtschaft auf dem CSA-Hof in Pente. Christian Meyer, Johannes Hartkemeyer, Frank Oesterhelweg (v.l.) sorgten für eine engagierte Diskussion. Foto: Heiner Beinke

Pente. Der Platz reichte kaum aus im größten Raum auf dem CSA-Hof in Pente, wo am Mittwochabend Landwirtschaftsminister Christian Meyer und der Agrar-Experte der CDU-Landtagsfraktion, Frank Oesterhelweg über die „Zukunft der Landwirtschaft in Niedersachsen" diskutierten. So buntgemischt wie das Publikum waren die Themen, die unter der Gesprächsleitung von Johannes Hartkemeyer abgearbeitet wurden.

Tierwohl , TTIP , Glyphosat , Verbraucherschutz, Antibiotikaeinsatz, Genmanipulation - Hartkemeyer ließ kein brisantes Stichwort aus, die beiden Experten blieben keine Antwort schuldig. Bei allen Unterschieden in Einzelfragen seien „doch einige Brücken vorhanden", stellte der Moderator am Ende fest.

Weitgehende Einigkeit herrschte zum Beispiel bei der Einschätzung des Freihandelsabkommen TTIP. Die deutsche Landwirtschaft werde zu den Verlierern gehören, Standards bei Lebensmitteln seien nicht verhandelbar und Schiedsgerichte abseits der allgemeinen Rechtssprechung undenkbar, meinten beide. Oesterhelweg betonte aber ganz allgemein den Wert des Freihandelsabkommens, von dem Deutschland in vielen anderen Bereichen profitieren werde.

Größer waren die Unterschiede schon beim Thema Tierwohl. Meyer erläuterte seine Vorstellungen zum Thema sanfte Agrarwende, möglichst weg von der Massentierhaltung, hin zur nachhaltigen Stärkung kleinerer Betriebe. Qualität und faire Preise seien für die Landwirte wichtig, Ehrlichkeit und größere Klarheit bei der Kennzeichnung von Produkten seien für den Verbraucher wichtig. „Wir müssen honorieren, was die Gesellschaft will", sagte Meyer.

Verbraucher wollen viel und günstiges Fleisch, „auch das ist die Wahrheit", hielt Oesterhelweg dagegen. Der Bedarf an Eiern beispielsweise sei anders als durch Massentierhaltung gar nicht zu decken. „Ich möchte Verlässlichkeit für die Landwirte", forderte Oesterhelweg eine Abkehr von immer neuen Vorschriften und Auflagen und mehr Anerkennung für „einen Berufsstand, der viel geleistet hat".

Die Wortbeiträge der vielen Zuhörer zeigten schlaglichtartig, wie viele Aspekte es in der Debatte gibt. Einer betonte, Tiere seien fühlende Lebewesen, daher müsse Massentierhaltung schon aus ethischen Gründen verboten werden. Landwirte berichteten, wie sie mit jeden Cent kalkulieren müssen, wie immer neue Zielvorgaben und Förderrichtlinien immer wieder zu Existenzfragen würden.

Tiere seien keine Ware, für ihre Haltung müssten bestimmte Standards verlässlich gelten, stellte dazu Christian Meyer fest. Dennoch dürfe der Bedarf nicht außer Acht gelassen werden. „Die Welt ist nicht so einfach, wie wir sie gerne haben möchten", hielt Oesterhelweg dagegen. Einig waren sich die beiden wieder bei der Ablehnung der Genmanipulation. Die müsse möglichst europaweit gelten, die diskutierte Freigabe der Entscheidung auf Ebene der Bundesländer sei jedenfalls komplett unsinnig.

20 Agrarfachleute und Ernährungswissenschaftler aus Brasilien besuchten den CSA Hof in Pente. Foto: Tobias Hartkemeyer

Pente. 20 Ernährungswissenschaftlerinnen und Agrarfachleute aus allen Teilen Brasiliens besuchten Ende Juli Bramsche, um auf dem CSA Hof Pente eine Fortbildung zu absolvieren.

Der „Hof Pente", im brasilianischen Portugiesisch klingt es nach „Hofi Pentschi", ist mittlerweile in ganz Brasilien ein Begriff, weil ein Filmprojekt „make CSA", gefördert von der Bundesanstalt für Ernährung, mittlerweile mit portugiesischen Untertiteln weite Verbreitung gefunden hat. Da spielt der Hof in Bramsche eine zentrale Rolle und gilt als Modell für eine neue Form von Landwirtschaft. Darüber hinaus wurden auch die Arbeits- und Planungshilfen des Teams von Tobias Hartkemeyer übersetzt.

Ein Netzwerk von 50 Höfen ist den letzten drei Jahren aus diesem Impuls in Brasilien entstanden. „Der CSA-Hof (CSA = Community Supported Agricultur, Gemeinschaftsgetragene Solidarische Landwirtschaft) Pente ist für unsere Höfe das Vorbild und hat uns hier viele fruchtbare Impulse gegeben", so Wagner Santos vom Koordinationsteam des Netzwerks. Dabei spiele auch das in Pente entwickelte Konzept der Handlungspädagogik eine wesentliche Rolle.

Der deutsche Künstler Hermann Pohlmann brachte die CSA-Idee vor drei Jahren nach Brasilien. Pohlmann ist im Osnabrücker Land durch seine Steine auf dem Westerberg und die gusseisernen Boden-Installationen vor der VHS der Stadt Osnabrück bekannt. Er hatte das Projekt „Leben" zum 350. Jahrestag des Westfälischen Friedens mit den Teilnehmern der VHS-Sprachkurse in verschiedenen Sprachen entwickelt. Aus seiner Sicht bedeutet die CSA-Idee auch die Entwicklung der Kunst des sozialen Miteinanders. Aber auch eine neue Sicht auf das Leben, die Erde, die Ernährung. Sein Inspirator Joseph Beuys bezeichnete diesen künstlerischen Ansatz als „soziale Skulptur". Pohlmann machte die Teilnehmer auch mit der regionalen Geschichte am Beispiel der Varusschlacht bekannt.

Kräuter und Tees

Die Ernährungswissenschaftlerin Valeria, die einen neuen Masterstudiengang in Brasilien für Ernährung entwickelt hat, interessierte sich vor allem für neue Erkenntnisse und altes Wissen im Bereich regional erzeugter Kräuter und Tees im Rahmen des CSA-Konzepts. Die in Argentinien geborene Bramscherin Andrea von Homeyer stellte im Rahmen des Seminars den Teilnehmenden ihre diesbezüglichen Erfahrungen vor. Dieses Wissen wurde als so wertvoll eingeschätzt, dass man sie für kommenden Januar an die Universität Sao Paulo einlud. Das deutsch brasilianische Seminar in Bramsche soll in Zukunft jährlich wiederholt werden.

Von Peter Guttenhöfer, Juli 2015

Es erscheint uns heute so selbstverständlich, dass ein Kind zur Schule geht, dass wir kaum darüber nachdenken können, ob das eigentlich wirklich notwendig ist. Wir diskutieren darüber, in welchem Alter unsere Kinder eingeschult werden sollen. Manche Eltern suchen nach einer alternativen, etwas »freieren« Schule, weil sie selbst vielleicht kummervolle Erinnerungen an ihre eigene Schulzeit haben. Aber, dass ein Kind eine Schule besuchen muss, scheint jedem so gewiss zu sein, wie dass der Himmel blau ist.

Eine Schule ist gerade ein besonders ungeeigneter Ort, um mit der Welt in Verbindung zu kommen! Früher, als man noch mit allen Sinnen, mit Händen und Füßen in die Welt hineinwuchs, war das Leben der Kinder viel schwerer als heute. An allen Arbeiten der Großen wurde man von klein auf beteiligt: Man musste helfen, man musste sehr früh schon mitarbeiten im Ringen um das tägliche Brot, bei den Tieren im Stall, auf dem Feld, in der Küche und draußen bei Wind und Wetter. Das Kind stieß mehr oder weniger heftig mit der physischen Welt zusammen. »Erde« war hart für die Menschen.

Heute feilen wir an einer Vervollkommnung unseres Zivilisationsbetriebs, der jeden Zusammenprall zwischen Mensch und physischer Tatsächlichkeit zu vermeiden oder wenigstens so weich zu machen trachtet, so dass es gar nicht mehr zu einer richtigen »Inkarnation« der Seele in die Notwendigkeiten des irdischen Daseins und damit auch nicht in den eigenen physischen Körper hinein kommt. Das führt zu den unermesslichen Schäden des Erdenplaneten und der menschlichen Konstitution, von denen heute jeder unentwegt spricht. Hier hat »Schule« ihre Pflicht versäumt. Selbst heute, wo die Schäden auch für den selbstverliebtesten Illusionisten sichtbar geworden sind, bildet sie noch immer einseitig die kognitive Intelligenz aus wie im 19. Jahrhundert: Lesen, Schreiben, Rechnen – die heiligen Kühe aller Elementarschulen der Welt. Die meisten anderen Fähigkeitsanlagen bleiben unausgebildet; und somit kann der Wille, sinnvoll in der Welt zu handeln – gemäß dem, was Mensch und Erde erfordern – sich nicht entfalten.

Eine »vollständige Umgebung« tut Not

In Goethes Darstellung der »Pädagogischen Provinz« (Wilhelm Meisters Wanderjahre, 2. Buch, 1. Kapitel) kommt der Begriff der vollständigen Umgebung zur Sprache. Das ist eine starke, in die Zukunft führende Idee! Was braucht der jugendliche Mensch, um seine Persönlichkeitsanlagen vollständig zu entfalten? Einen Ort, der in sich erzieherische Qualitäten trägt. Das heutige Kind will nämlich nicht mehr von Lehrern der alten Art in der isolierten Schulstube erzogen werden, sondern von Menschen, die in selbstbestimmter Tätigkeit ihren Lebensort gestalten.

Dazu gehört in erster Linie die freie Gestaltung der Gemeinschaft, in der der Einzelne leben will. Setzte sich diese Gemeinschaft aus solchen Menschen, die ihren Lebensort selbst gestalten können, zusammen, dann fänden wir in ihr idealerweise den Handwerker, den Intellektuellen, den Lehrer, den Landwirt, den Arzt und den Künstler. Und sie alle zusammen könnten auch die geeigneten Lehrer für die Kinder sein! Lehrer der neuen

Art. Lehrer, die das tun, worüber sie sprechen, Lehrer, die mit den Kindern gemeinsam arbeiten, die mit den Kindern gemeinsam lesen, schreiben und rechnen, aber auch säen und ernten, tanzen, schmieden, backen, schnitzen, kochen und musizieren. Menschen, die üben, Geschichten zu erzählen, mit Kindern Sterne und Pflanzen zu betrachten, den Zahlenraum zu erobern. Menschen, die sich selbst erziehen, um des erzieherischen Umgangs mit Kindern würdig zu werden.

Landwirt und Lehrer

Der geeignetste Ort, eine möglichst vollständige erzieherische Umgebung zu schaffen, wäre der landwirtschaftliche Hof. Hier leben die vier Reiche der Natur – der Mensch, das Tier, die Pflanze und der Boden – in geordneter Wechselwirkung zusammen. Alle sind so aufeinander bezogen, dass jeder jedem gibt und jeder von jedem nimmt; und wenn der Landwirt nach dem biologisch-dynamischen Prinzip arbeitet, strebt er danach, dem Boden mehr zu geben, als er von ihm nimmt. Die moralische Atmosphäre, die sich aus diesem Element der Selbsterziehung des Erwachsenen bildet, ist der Grund, auf dem die Erziehung des Kindes wachsen kann – die in Wahrheit auch nichts anderes ist als seine Selbsterziehung. Gewiss wären die meisten derzeitigen biologisch-dynamischen Höfe völlig überfordert, wollten sie sich auch noch eine Erziehungsaufgabe aufbürden; sie ringen ja ohnehin um ihre Existenz und um die Verwirklichung der biologisch-dynamischen Ideen.

Wir können also das Gesagte nur realistisch betrachten, wenn wir uns sowohl von der »Schule« als auch vom »Hof« in verschiedener Hinsicht neue Begriffe bilden. Es scheint, als gebe es seit einiger Zeit immer mehr junge Menschen, die diesen doppelten Wunsch für ihre Lebensarbeit im Herzen tragen: Sie möchten gern Lehrer werden, aber auch etwas an der Erde tun, oder sie möchten Landwirt werden, aber ihren Bauernhof zu einer Kulturwerkstatt machen und pädagogische oder sozialtherapeutische Aktivitäten einbeziehen. Oftmals hindern diese Menschen an den notwendigen Entschlüssen nur die alten Bilder von »Lernen« und »Spielen« oder von produktiver »Arbeit«, von denen sie wegen der verschleppten Kulturentwicklung noch immer geprägt sind, ohne das zu durchschauen. Wenn wir bereit sind, in Bescheidenheit zu beginnen – ohne gleich das ganze traditionelle Bildungssystem umwerfen zu wollen –, können wir Prototypen von kleinem Format gründen: den Hof nach dem Prinzip des solidarischen oder gemeinschaftsgetragenen Landbaus (CSA) bewirtschaften und eine Lerngruppe von Kindern verschiedener Altersstufen auf dem Hof beheimaten wie einst in einer »Schule«, so dass der Hof und die dort lebende und arbeitende Gemeinschaft die erzieherische Umgebung darstellen. Die Idee der erzieherischen Umgebung lässt sich auch an anderen Orten ansatzweise verwirklichen – selbst in der Stadt!

Angesichts des Ruins der Landwirtschaft und der Zerstörung der Natur an vielen Stellen des Planeten ist heute kaum etwas dringender, als die jungen Menschen in sinnlicher Nähe zu den Naturwesen aufwachsen, spielen und lernen zu lassen. Das Bild, mit dem Goethe seine Imagination einer Pädagogischen Provinz eröffnet, zeigt uns die Zöglinge, die bei der Ernte tätig sind und bei der Arbeit singen. Dazu wird gesagt: »Allerdings, bei uns ist der Gesang die erste Stufe der Bildung, alles andere schließt sich daran und wird dadurch vermittelt.« Ist das nicht wie ein Urbild für das hier Angestrebte? Die »Hauptfächer« für die Kinder in der erzieherischen Umgebung seien Musik und Gartenbau, das Kind möge leben dürfen – um es mit Hilfe Goethescher Begriffe zu sagen – im Schwingen zwischen Konzentration in der körperlichen Arbeit und Expansion in der seelischen Hingabe. Auf dem Demeterhof Pente bei Bramsche/Osnabrück wird zum Beispiel der Versuch unternommen, eine solche erzieherische Umgebung zu schaffen.

Zum Autor: Dr. Peter Guttenhöfer war Oberstufenlehrer an der Freien Waldorfschule Kassel für Deutsch, Geschichte, Kunstgeschichte; Mitbegründer des Lehrerseminars für Waldorfpädagogik Kassel und Lehrbeauftragter an der Universität Kassel; weltweit tätig in der Lehrerbildung und Schulberatung.

Von Christina Nunn, Tobias Hartkemeyer, Juni 2015

»Schau mal, das Huhn hat das Ei direkt in meine Hand gelegt!«, rief mir Alvin mit einer schönen braunen Glucke auf dem Arm, begeistert zu.

Vor den Herbstferien hatte ich das große Glück mit meiner dritten Klasse eine vierwöchige Epoche auf dem Hof Pente zu verbringen, wo wir jeden Vormittag von 8.30 Uhr bis 12.30 Uhr intensiv in die landwirtschaftlichen Prozesse eintauchten. Vom Garten- und Ackerbau über die Tierhaltung bis hin zum gemeinsamen Musizieren wurden die Schüler Teil des Begegnungsraumes, den die Hofgemeinschaft in einem achtsamen Miteinander bietet.

Die Tage auf dem Hof begannen in der Jurte, die eigens für dieses Projekt aufgebaut wurde. Das Eintreten in die Jurte war schon wie das Eintauchen in eine andere Welt. Der runde Raum unterstützt die Konzentration nach innen: das Licht von oben, der Himmel durch das Kuppelfenster. Hier fand bis 10 Uhr ein leicht verkürzter Hauptunterricht statt, in dem wir die erlebten Inhalte aufarbeiteten und in bildlicher und schriftlicher Form in Epochenheften festhielten. Nach einem gemeinsamen Frühstück begleiteten die Kinder dann in vier Gruppen die Hofgemeinschaft bei der täglichen Arbeit auf dem Hof. D ie »Schönmach-Gruppe« pflegte den Hof, die »Tier-Gruppe« kümmerte sich um die Versorgung der Tiere, die »Obstbaumpflege- Gruppe« strich die Stämme der Obstbäume mit einem Kalk-Lehm- Kuhmistgemisch an und die »Ernte- und Pflanz-Gruppe« war beim Gemüse tätig. Dabei war es wichtig, dass Erwachsene, die in den Gruppen dabei waren, selber tätig waren und nicht die arbeitenden Kinder betreuten. Die Kinder sollen sinnvoll tätige Erwachsene erleben und den Übergang vom Spielen zur Arbeit erfahren. Es war beeindruckend, die Freude und Ernsthaftigkeit der Kinder bei ihren Arbeiten zu erleben. Wenn ich von Gruppe zu Gruppe ging, um mitzuhelfen, erklärten die Kinder mir selbstbewusst, wie ich welche Arbeitsschritte zu verrichten habe. Bei den Kindern tauchten immer wieder echte Fragen auf, die sich aus ihren Tätigkeiten heraus entwickelt haben und die wir in der anschließenden Abschlussrunde in der Jurte aufgriffen. Jede Gruppe berichtete, was sie an diesem Tag getan hatte. Gerne brachten die Kinder Dinge mit, wie zum Beispiel einen ausgehöhlten Rotkohl, in dem die Erntegruppe an diesem Tag eine schlafende Maus gefunden hatte. Nach dem Tagesrückblick machten wir einen Vorblick auf den nächsten Tag, so dass die Kinder wussten, was sie erwarten wird. Eine wunderbare Erfahrung an dieser Epoche war, dass die Schüler und ich als Lehrerin nicht an das Stundenplanraster mit seinen starren Zeiten gebunden waren. Wir hatten natürlich einen Zeitplan, doch konnten wir diesen je nach Wetterlage oder anderen Umständen verändern.

Einmal fühlte sich eine Mutter in der Jurte an ihre Kindheit in Afrika erinnert und wir luden sie ein, uns davon zu erzählen. – Die Beteiligung der Eltern beschränkte sich nicht nur auf Fahrdienst von der Schule zum Hof und zurück, denn die Vormittage auf dem Hof waren mit einem erhöhten Betreuungsaufwand verbunden. Da die Eltern auch kleinere Geschwister mit auf den Hof und auch mit in die Jurte bringen konnten, war es immer möglich, zwei bis drei Eltern zu mobilisieren. Dadurch hatten viele Eltern erstmals die Gelegenheit, die Kinder der Klasse und auch den Unterricht mitzuerleben.

Die Epoche wurde von zwei Festen eingerahmt, an deren Gestaltung ebenfalls viele Eltern beteiligt waren: Michaeli und Erntedank. In Gruppen- und Einzelgesprächen sowie durch Fragebögen wurde die Sicht der Eltern zusammengetragen, wie sie ihre eigenen Kinder erlebt haben. Die Aussagen lassen erahnen, welches Potenzial sich in den Kindern entfalten konnte und mit welcher Innigkeit sie diese Zeit erlebt haben: »Ich erlebe sie im Laufe der Epoche zunehmend zufriedener. Sie wirkt erfüllt und am Nachmittag in sich ruhend von den Dingen, die sie am Vormittag erlebt hat.« – » Sie zeigte Begeisterung und viel Freude an der Arbeit.« – »Er hat Selbstvertrauen und Lebenswillen entwickelt. Er schläft besser ein.« – »Sie fühlt sich wichtig und ernst genommen.« – »Er konnte es nicht erwarten, tätig zu sein, er liebt es, Aufgaben auf körperliche Weise zu bewältigen und ist sehr stolz darüber.«

»Können wir nicht in den Ferien einfach weiter machen?« Diese Idee kam den Schülern, als sich der Monat auf dem Hof dem Ende neigte und die Ferien vor der Tür standen.

Aufgrund der positiven Erfahrungen der Lehrer, Eltern und der Hofgemeinschaft wird das Projekt fortgeführt und die dritte Klasse darf weiterhin an einem Tag pro Woche auf »ihrem« Hof arbeiten. Eine vierwöchige Hausbau-Epoche ist ebenfalls auf dem Hof geplant.

Film-Dokumentation zum Projekt unter

www.handlungspaedagogik.org

KARTIERUNG ABGESCHLOSSEN NOZ vom 8.7.15 

Frisches Gemüse als Dank für die Kartierung: Martina und Julia Hart-kemeyer, Rolf Hammerschmidt, Heinz Düing, Tobias und Johannes Hartke-meyer (v.l.). Foto: Heiner Beinke

Pente. Ökologische Landwirtschaft hilft auch der Vogelwelt. Was die Betreiber des CSA-Hofs in Pente bisher schon vermuteten, haben sie nun schwarz auf weiß. Es ist das Ergebnis einer umfassenden Kartierung des Geländes durch die Vogelkundler Rolf Hammerschmidt und Heinz Düing.

Vogelkundler haben auf 20 Hektar rund um den CSA-Hof Pente in mehreren Exkursionen die Vogelwelt kartiert.

Insgesamt haben sie 452 Brutvögelpaare von 49 verschiedenen Arten ermittelt.

Das ist mehr als vor 50 Jahren auf den artenreichsten Flächen festgestellt wurde.

Am Mittwoch stellten die beiden Hobbyornithologen das Ergebnis ihrer zahlreichen Erkundungsgänge auf insgesamt 20 Hektar Fläche um den Hof herum vor. Drei Monate lang seien sie mindestens einmal in der Woche im Gelände unterwegs gewesen und hätten vor allem nach „singenden

Männchen" gelauscht, berichtete Hammerschmidt. Am Ende verzeichneten sie 452 Brutvögelpaare, die sich auf 49 verschiedene Arten verteilen. Zum Vergleich verwiesen die beiden altgedienten Vogelkundler auf eine umfasssende Kartierung aus den 60er Jahren. Damals seien auf der artenreichsten Fläche nicht so viele verschiedene Vögel nachgewiesen worden. „Das ist ja ein tolles Ergebnis", staunte Hofbetreiber Tobias Hartkemeyer .

Noch Potenzial

Dabei würden auf dem Hof bei weitem nicht alle Möglichkeiten zur Vogelansiedlung ausgenutzt, betonten die Vogelkundler. „Mit Nistkästen könnte man noch einiges mehr erreichen", nennt Hammerschmidt ein Beispiel. Es zeige sich aber, dass die nachhaltige Landwirtschaft, in der es stets blühende Pflanzen, Ackerflächen und unterschiedliche von Vieh beweidete Flächen gebe, für Vögel attraktiv seien. Wallhecken und kleinere Biotope seien ebenfalls bedeutsam für die Vogelwelt. Zu den ermittelten Brutvögeln, die um den Hof heimisch sind, kämen noch einige weitere ständige Nahrungsgäste. „Und mit Sicherheit kommen im Winterhalbjahr noch weitere Rückkehrer aus dem Norden hinzu", ist Hammerschmidt überzeugt. Ihn freut diese Entwicklung, die im Gegensatz zum Trend in Gärten steht .

Buchfink vorn

Die beiden Vogelkundler haben auch untersucht, welche Arten früher und heute dominant sind. Der Buchfink ist dabei von Platz drei auf Platz ins vorgerückt. Der damalige Spitzenreiter dagegen ist ganz von der Liste verschwunden: Die Feldlerche finde einfach den bevorzugten Landschaftstyp mit großen Viehweiden nicht mehr, bedauert Hammerschmidt, „da ist eine Menge passiert". Die Mönchsgrasmücke rangiert in der aktuellen Kartierung auf Rang zwei, in den sechziger Jahren war sie auf Platz 29. In den heimischen Gärten dominiert unverändert der Spatz .

Bei ihren Exkursionen haben Hammerschmidt und Düing auch einige Raritäten entdeckt, den Eisvogel zum Beispiel. „Am meisten gefreut habe ich mich aber über den Gartenrotschwanz", erzählt Hienz Düing. Der sei in der namensgebenden Umgebung nahezu verschwunden. Und auch den Stieglitz „findet man nicht überall", fügt er hinzu.

Auf 130 Seiten haben Hammerschmidt und Düing ihre Erkenntnisse zusammengefasst, am Mittwoch übergaben sie das Manuskript. Hartkemeyer will eine kleine Auflage als Büchlein herausgeben. „Das interessiert unsere Mitglieder", ist er überzeugt. „Den Naturschutz gibt es sozusagen als Geschenk obendrauf", kommentiert sein Vater Johannes Hartkemeyer den willkommenen Nebeneffekt des streng biologischen Anbaus auf dem Hof.

Der Gartentrotschwanz ist in
Pente zu Hause.
Fotos: Rolf Hammerschmidt

Der Eisvogel wurde in Pente
ebenfalls bestimmt.

Obwohl das Vogelgrippevirus bislang nur in Ställen der Massentierhaltung gefunden wurde, haben die Freilandhalter die Folgen dieser Seuche zu tragen. Der emeritierte Pathologie Professor der tierärztlichen Hochschule Hannover Siegfried Ueberschär bezeichnete die in den Medien vertretene These, dass das Vogelgrippevirus durch Wildvögel übertragen worden sein soll, als reine Spekulation. Klar sei jedoch, dass die Tiere in der Massentierhaltung durch ihren extremen Stress wesentlich anfälliger seien. Durch die enge Haltung wie in einer Ölsardinendose, auf einer schmierigen oder sogar flüssigen Kotschicht, könnten die Tiere ihre natürliche Veranlagung sich zu bewegen und in Gruppen einzuordnen, nicht ausleben. In solchen Situationen komme es zu Cortisol-Ausschüttungen, das heißt zu einer Überaktivität der Nebenniere, was die Immunabwehr stark einschränke. Das sei sowohl bei Menschen aber auch bei allen Tierarten so.

Es fragt sich auch der gesunde Menschenverstand, wie kommt ein kranker Vogel überhaupt in einen dieser hermetisch geschlossenen Massentierställe hinein? Und warum kümmern sich Forschung und Verwaltung fast ausschließlich um das angebliche Gefahrenpotenzial der Wildvögel und Freilandtiere und nicht um das Verbot der Massentierhaltung? Der Naturschutzbund NABU meint, dass das Virus eher als Folge der Globalisierung, also wegen des internationalen Handels mit Tieren und Tierprodukten in die betroffenen Betrieben gelangt sein könnte. Wildvögel wären demnach durch die Abluft der Ställe und den großflächig verbreiteten Mist gefährdet und könnten sich angesteckt haben. In Südkorea stellte man fest, dass die Wildvögel erst krank wurden, nachdem dort ein Nutzgeflügelbetrieb befallen war. Dort waren die Wildvögel nicht Ursache sondern Opfer der Vogelgrippe.

Bramsche. Wie riecht es eigentlich auf einem Bauernhof? Stinkt es? Man sagt ja Schweinen nach, dass sie stinken. Ist das so? Auf dem Hof CSA Hof Pente gibt es Schweine, aber Gestank ist erst mal nicht wahrzunehmen. Dafür riecht es aus dem Kräutergarten herrlich würzig, und auch die Tomaten haben ihr ganz eigenes Parfüm.

Wie graue Findlinge liegen die Schweinedamen schlafend im Sand. Ab und zu wackelt ein Ohr. Sie haben sich der Farbe des Bodens gut angepasst. Es ist unverkennbar, sie nehmen täglich ein Sandbad. Doch kommt jemand an ihre Weide, springen sie neugierig auf. Sie ahnen, dass es etwas zu fressen gibt. Die Äpfel, die Julia Hartkemeyer zuvor vom heimischen Apfelbaum gepflückt hat, schmecken ihnen. Schmatzend und sabbernd verschlingen sie die Früchte. Ihr Blick verrät: „Ich will noch mehr davon." Die jungen Schweine auf der Nachbarweide quieken schon ganz aufgeregt, denn den fruchtigen Snack haben sie schon längst erschnuppert. Ein Dutzend tummeln sich auf der Weide. Aber wo ist der Gestank? „Schweine haben eine sehr empfindliche Nase, sie mögen es nicht, wenn es stinkt", sagt Julia Hartkemeyer vom Hof. Sie ist Ökolandwirtin und muss es ja wissen . Ihre Schweine leben draußen, und es riecht wirklich nicht, wie auf einem güllegetränkten Feld, eher nach Sand, Gras und Stall.

Stürmisch stürzt sich die kleine Schweineherde auf die Äpfel, hektisch wird gefressen – bloß nichts abgeben. Die Söhne der Familie Hartkemeyer, Keno (fünf), Friedmut (sieben) und Arvid (dreieinhalb), haben keine Scheu vor den Tieren. Sie verfüttern die Äpfel an die Schweine und versuchen sie zu streicheln. Doch das gelingt nicht so leicht. Denn die kleinen Vierbeiner haben nur eins im Sinn: Fressen! Ein bisschen rau, sandig und borstig fühlen sie sich an.

„Die Bunten Bentheimer Schweine sind eine alte Nutztierrasse, die vom Aussterben bedroht ist", sagt Julia Hartkemeyer. Charakteristisch sind die schwarzen Flecken auf ihrem Fell, die sie mit ein bisschen Fantasie wie dicke Dalmatiner aussehen lassen. Die Hartkemeyers züchten die Tiere auf ihrem Biohof und wollen sie so vor dem Aussterben bewahren. Einige Tiere bleiben für die Zucht auf dem Hof. Andere werden geschlachtet. „Das Fleisch ist sehr schmackhaft, da es einen verhältnismäßig hohen Fettanteil hat", erzählt sie.

Auf dem Hof Pente ist Landwirtschaft noch recht ursprünglich . Das heißt, jeder kann sehen, wie die Tiere leben, bevor sie auf dem Teller landen, wie Kräuter, Früchte und Gemüse wachsen und wo die Eier herkommen. Hier geht es nicht darum, dass alles möglichst billig über die Ladentheke geht. Dem Kunden soll bewusst werden, was er kauft.

„Jetzt ist zum Beispiel die Saison für Paprika", sagt die Landwirtin. Die Pflanzen hängen voll mit den Früchten – einige sind noch grün, bei anderen kommt der satte Rotton schon durch, und manche sehen aus wie eine orange-rote Glocke. „Das ist die Glockenpaprika", erklärt Hartkemeyer. Auch Chilis gedeihen im September prächtig. Es gibt sie rund und gelb, klein und violett, ganz spitz in Rot und Grün. „Es gibt nicht nur eine Erdbeersaison, sondern auch eine für Paprika, Tomaten und Zucchini", so die 35-Jährige. Nur das wissen die wenigsten.

Fruchtiger Cocktail aus Gerüchen

Die Tomatenpflanzen hängen voll mit Früchten. Aufgereiht wie rote Perlen, hängen sie an den Rispen. Sie verströmen einen fruchtig herben Duft. Ein Geschmackstest beweist: Sie sehen nicht nur gut aus, sondern schmecken auch richtig süß. „Das sind samenfeste Sorten, die wir hier nutzen", sagt Julia Hartkemeyer. Das bedeutet, dass diese Samen vom Bauern nachgebaut und als Sorte weitergezüchtet werden kann, so die Landwirtin. Im Gegensatz dazu gibt es die sogenannten CMS Hybride (Cytoplasmatische männliche Sterilität), mit denen eine hundertprozentige Unfruchtbarkeit erreicht wird. Mit diesen Samen kann der Bauer nicht mehr nachzüchten. Er muss neue Samen kaufen. Die Früchte, die aus Hybridsamen entstehen, sehen meist sehr einheitlich aus, schmecken dafür aber nicht sehr intensiv – eher wässrig.

Im Kräutergarten des Hofes riecht es dagegen würzig. Regelmäßig gehen die Jungs in den Garten und pflücken Grünes für Tee. „Das ist Salbei", ruft Arvid und reibt sich ein samtiges Blatt unter die Nase. Ein Duft, der an Erkältung und Halsschmerzen erinnert, strömt durch die Luft. Der Geschmack überzeugt aber nicht wirklich. Anders ist es bei der Zitronenmelisse und beim Ananassalbei. Ein fruchtiger Cocktail aus verschiedenen Gerüchen macht sich in der Nase breit.

Die Kinder lernen dabei nicht nur, wie die Pflanzen aussehen, sie wissen auch, wie was riecht und können so manchem Erwachsenen noch etwas vormachen. Was ist der Unterschied zwischen Thymian und Orangenthymian, und wie sieht eigentlich Agastache aus. Und wer weiß schon, dass aus Löwenzahnblüten Gelee gemacht werden kann?

1000 Salate gepflanzt

Die Kinder werden hier auf dem Hof geschult, ihre Sinne einzusetzen – und zwar ganzheitlich. Sieht es aus wie Lavendel, riecht es wie Lavendel, dann wird es wohl auch welcher sein. Sieht der Hund nicht freundlich aus, dann streichle ich ihn auch besser nicht. Die Jungen und Mädchen müssen ihre Umwelt erfassen und ein Bewusstsein dafür schaffen. Hier auf dem Hof werden sie angeregt, auch alle Sinne einzusetzen. Das merken die Hartkemeyers, wenn sie Schüler zu Besuch haben. „Die Kinder nutzen ihre Smartphones hier kaum. Hier lernen sie auch im Team zu arbeiten. Eine Gruppe hatte an einem Tag 1000 Salate eingepflanzt, und am Ende waren sie stolz, dass sie es geschafft haben", erzählt Tobias Hartkemeyer. Einige Kinder seien so vertieft in die Arbeit, dass sie die Zeit völlig aus den Augen verlieren, manche wollten gar nicht mehr damit aufhören, weil es ihnen so viel Spaß macht. In der Schule bleiben die Sinne einfach auf der Strecke . Es gibt mittlerweile in einigen Schulen sogar automatische Fenster, die sich bei einer bestimmten Temperatur öffnen", erzählt der Landwirt.

Auch für viele Eltern, die Mitglieder auf dem Hof sind, helfen bei der Arbeit mit. Dabei können sie – so komisch das vielleicht auch klingen mag – einfach mal ausspannen. Der Kopf kann abschalten, die Hände machen alles. Sie fühlen die kühle, feuchte Erde an den Händen und bekommen ein Gespür für die Arbeit, aber auch für das Gemüse oder Obst, das selbst geerntet wird. „Ein Junge, der auch Mitglied bei uns ist, hat einmal gesagt: „Und jetzt machen wir wieder drei Stunden Ferien auf dem Bauernhof", erzählt Tobias Hartkemeyer.

Die Familie aus Bramsche liebt nicht nur ihren Beruf, sie lebt ihn auch. Gemeinsam betreibt das Ehepaar den CSA Hof. Übrigens: CSA steht für Community supported agriculture und bedeutet so viel wie Gemeinschaftsgetragene Landbaukultur und wird auch als Solidarische Landwirtschaft bezeichnet. Bei diesem Konzept werden die Lebensmittel der Landwirtschaft nicht mehr über den Markt vertrieben, sondern fließen in einen eigenen, von Teilnehmerseite mit organisierten und finanzierten Wirtschaftskreislauf. So können die Mitglieder und Bauern zusammen Landbau- und Ernährungskultur gestalten.

Fotos: Hermann Pentermann

Mit Tunesien eng verbunden

Pente. Die Freude über die diesjährige Friedensnobelpreisverleihung ist auch in Bramsche groß. Damit wurde erstmals diese hohe Auszeichnung für ein konkretes Dialogprojekt verliehen, unterstreicht Tobias Hartkemeyer vom CSA-Hof in Pente als Vorsitzender der Adolf-Reichwein-Gesellschaft.

Das im Ortsteil Pente beheimatete Deutsche Institut für Dialogprozess-Begleitung der Adolf-Reichwein-Gesellschaft (ARG) ist mit dem tunesischen Dialogprozess durch die Mitarbeit im internationalen Vorstand des European Network for Dialogue Facilitation (ENDF) verbunden. Im Rahmen des Netzwerkes nehmen Experten des Instituts an der Ausbildung von Dialogprozess-Begleitenden teil. Hartkemeyer stellte vor allem die Strahlkraft von Dialogprozessen angesichts der vielen Zuspitzungen weltweiter Konfliktlagen heraus - im arabischen Raum, in der Ukraine, aber auch im Umgang mit der aktuellen Flüchtlingsthematik.

Zwar sei der Dialogprozess nicht als Konfliktlösungsmodell entwickelt worden, aber er führe zur Herausbildung entsprechender Haltungen, die für die Verhinderung von Konflikten und die Wirkung von Konfliktlösungsstrategien unverzichtbar seien. Der Philosoph Mohamed Adel Mtimet, Wissenschaftler und Hochschullehrer an der Universität Gabes, Tunesien, koordiniert dieses Ausbildungsprojekt in Tunesien und betonte anlässlich der Preisverleihung, wie wichtig es für die Mitwirkenden sei, dass ihre Dialogarbeit überregional wahrgenommen und anerkannt würde.

Die Präsidentin des European Network for Dialogue Facilitation (ENDF), Heidemarie Wünsche-Piétzka, wird in den nächsten Tagen wieder nach Tunesien fahren, um die weiteren Schritte zur Stabilisierung des dortigen Dialogprozesses über die Fortbildung von Prozessbegleitenden abzustimmen.

In den nächsten Wochen wird auch das Buch „Dialogische Intelligenz – Aus dem Käfig des Gedachten in den Kosmos gemeinsamen Denkens" der Autoren Martina, Johannes und Tobias Hartkemeyer mit einem aktuellen Beitrag über den vom Nobel-Komitee in Oslo ausgezeichneten tunesischen Dialogprozess erscheinen. Die tunesischen Partner möchten dieses Buch gern als Grundlagenwerk für die Begleitung von Dialogprozessen auf unterschiedlichen Ebenen ins Arabische und Französische übersetzt haben.

Weitere Informationen im Internet unter: www.dialogprojekt.de

Ein Bündnis aus tunesischem Gewerkschaftsverband, Arbeitgeberverband, Menschenrechtsliga und Anwaltskammer hat in Tunesien den Dialog aufgenommen und wurde mit dem Friedensnobelpreis ausgezeichnet. Foto:dpa/Archiv

Bücher von und über den CSA Hof Pente

Dialogische Intelligenz - Aus dem Käfig des Gedachten in den Kosmos des gemeinsamen Denkens.
Das Buch zum Thema des Friedensnobelpreises 2015: Dialog Mit einem Nachwort aus Tunesien.
Den Anderen verstehen, eigene verengte Standpunkte überwinden und gemeinsam Neues denken – das ist die Perspektive, die durch Dialog möglich wird. Was den echten Dialog ausmacht und wie wir unsere eigene „Dialogische Intelligenz" wecken können, zeigt dieses praxisorientierte Buch. Die Autoren tragen aus den unterschiedlichsten Richtungen Bausteine für den gelingenden Dialog zusammen. Sie greifen dabei auf langjährige Beratungserfahrungen in der Begleitung von Veränderungsprozessen in Einrichtungen und Unternehmen zurück. Zahlreiche Experten einer modernen Dialogkultur kommen zur Sprache – ein Werkstattbuch im besten Sinne des Wortes.

In diesem Zusammenhang freut es mich besonders, dass der Dialogprozess in Tunesien mit dem Friedensnobelpreises ausgezeichnet wurde. Es zeigt sich, dass dialogische Intelligenz die Kraft besitzt, die besten Potentiale des Menschen zu erwecken. Prof. Dr. Gerald Hüther

Innovativ... Das Dialog-Projekt als Bestandteil eines weltweiten Paradigmenwechsels... Süddeutsche Zeitung

Info3 Meyer Verlag. 19,95 €

Nachrichten vom Hof: Lichtblicke zwischen Landlust und Landfrust - *Gründungsgeschichte vom CSA Hof Pente in 30 Monatsberichten - community supported agriculture - Solidarische Landwirtschaft* Broschiert – 3. Mai 2013

Hier ist der spannende Bericht eines Aufbruchs in eine neue Richtung der Landwirtschaft, eine andere Form der Hofgemeinschaft. Berichte von einem nicht alltäglichen Alltag auf einem CSA-Hof, einem gemeinschaftsgetragenen Betrieb, der einer Gruppe von interessierten Mitgliedern eine sichere, gesunde Ernährung ermöglicht; eine Initiative, die neue Arbeitsplätze auf dem Lande schafft, die absolute Transparenz als Prinzip lebt. Diese Berichte sind zunächst nur für die Mitgliedergemeinschaft geschrieben worden. Das große Interesse an diesen Erfahrungsberichten hat auf vielfachen Wunsch zu diesem Buch geführt. Es soll allen Mut machen, genauer hinzuschauen, was sie in dieser gemeinsamen Welt wirklich leben wollen. Verlag: Books on Demand. ISBN-10: 3848260042   14,90 €

Nachrichten vom Hof II - Das Abenteuer Landleben im Jahreskreis: *CSA Hof Pente*
Nach dem großen Interesse an »Nachrichten vom Hof«, folgt hier nun der zweite Teil der Berichte von einem nicht alltäglichen Alltag auf einem CSA-Hof, einem gemeinschaftsgetragenen Betrieb, der einer Gruppe von interessierten Mitgliedern eine sichere, gesunde Ernährung ermöglicht; eine Initiative, die neue Arbeitsplätze auf dem Lande schafft, die absolute Transparenz als Prinzip lebt. Mit Beiträgen von Peter Guttenhöfer, Gerald Hüther und Jonas van der Gathen Berichte über Community Supported Agriculture – Gemeinschaftsgetragene / Solidarische Landwirtschaft und Handlungspädagogik »Spannender als jeder Krimi ... « G.K. »Riesengroßes Kompli-

ment ... wunderbarer Text... Die Sprache lässt den Leser schwärmen... voller Freude... bis zum Schluss genießen... Es ist schon eine besondere Kunst, Ärger und Unerwartetes mit so viel Charme zu beschreiben. Super toll!« Dr. B.R. »Danke für ...die Hofnachrichten... die ich mit Spannung erwarte, mich sehr ansprechen, nähren, nachdenkliche machen und meinen Blick für die Probleme von Landwirtschaft und Umwelt schärfen.« K.L. Verlag: Books on Demand; 2014 - ISBN-10: 3735718000 - 12,00 €

Schwein gehabt? Nachrichten vom Hof 3: Lebenszeichen aus der Solidarischen Landwirtschaft - CSA Hof Pente. Hier nun der dritte Band der »Nachrichten vom Hof«. Die abenteuerlichen Berichte einer neuen Form des Miteinanders. Erzählt wird hier vom Alltag der Solidarischen Landwirtschaft - ein spannender Ort für handlungspädagogisches Lernen. Es soll zeigen, wie aus Empörung über die gegenwärtige Lage, Engagement für eine zukunftsfähige  Lebenswirklichkeit entstehen kann. Aber vor allem wird hier Mut gemacht, genauer hinzuschauen und die Frage zu stellen, wie wir in dieser gemeinsamen Welt wirklich leben wollen. Diese Berichte bekräftigen, dass die Welt durch das eigene und gemeinsame Handeln vor Ort bewusst gestaltet werden kann. Ausgewählte Medienberichte fassen die unterschiedlichen Facetten des Hofes zusammen, vom Kinderbauernhof, über das Schulklassenprojekt, bis hin zu internationalen Besuchen und der Musik. Books on Demand; Auflage: 2 (12. Januar 2015) Sprache: Deutsch ISBN-10: 3734734908

Von Prärieindianern, Räuberkindern und einer glücklichen Kindheit: *Anregungen für Eltern, Großeltern Onkel und Tanten*

von Martina Hartkemeyer (Autor), Margret Schütte (Autor) Prärieindianer und Räuberkinder wachsen in freier Natur auf, in der Weite der Prärie, im Wald, sie wohnen in alten Burgen, Zelten oder Höhlen. Sie erleben täglich neue Abenteuer, sehen sich immer wieder anderen Herausforderungen gegenüber, bestehen viele

Gefahren und entwickeln sich zu mutigen Persönlichkeiten. Gestärkt und unabhängig von ihren Eltern sind sie immer wieder alleine unterwegs und in zahlreiche Aufregungen verwickelt – Urbilder von Freiheit, Kraft nd Mut. Dieses Buch will Eltern, Großeltern, Onkel und Tanten durch zahlreiche positive Beispiele aus dem Zusammenleben mit Kindern ermuntern und stärken. Es ist eine Einladung, genau hinzusehen und sich bewusst zu machen, welchen Schatz Kinder darstellen und welchen Schatz jeder von uns aus der eigenen Kindheit mitbringt. Deshalb wird der eigene Erinnerungsfaden immer wieder aufgenommen – denn Erinnern kann helfen, bewusster für die Gegenwart zu werden. Glück kann auch bedeuten, scheitern zu dürfen, Fehler zu machen und wieder neu zu beginnen. Es kommt darauf an, einmal mehr aufzustehen als hinzufallen. Glückliche Kinder sind stark genug, den Herausforderungen der Welt von morgen kreativ und klug zu begegnen. Verlag: Arbor (25. Oktober 2013) ISBN-10: 3867811059   14,90 €

Das pflügende Klassenzimmer: *Handlungspädagogik und Gemeinschaftsgetragene Landwirtschaft*
von Tobias Hartkemeyer (Herausgeber), Guttenhöfer (Herausgeber), Manfred Schulze (Herausgeber) Bauernhöfe sind nicht nur Orte der Lebensmittelproduktion. Sie sind auch hervorragende Lernorte, Begegnungsräume und lebenspraktische »Entwicklungsinseln«, die gesellschaftliche Veränderungen anstoßen können. Tobias Hartkemeyer, Peter Guttenhöfer, Manfred Schulze und viele weitere erfahrene Pädagog(inn)en, Wissenschaftler(innen) und Praktiker(innen) zeigen, wie sich hier Pädagogik und Landwirtschaft gegenseitig befruchten und neue Entwicklungsperspektiven füreinander eröffnen können. Ihr Handbuch über Handlungspädagogik und Gemeinschaftsbildung in der Landwirtschaft lebt von der beglückenden Erfahrung, dass eigenes Tun und Handeln konkret etwas bewirken. Neue Ansätze für Schulentwicklung und Erzieherausbildung sowie das Projekt Gemeinschaftshof Pente werden als Beispiele handlungspädagogischer Praxis und solidarischer Landwirtschaft vorgestellt und durch neurobiologischen Erkenntnisse fundiert. Einblicke in das norwegische Schulsystem und Erfahrungen zum dialogischen Lernen ergänzen dies. Die Autoren knu üpfen auch an Ideen der europäischen Geistesgeschichte an, wie etwa Goethes Vision einer »pädagogischen Provinz« die hier in eine zeitgemäße lebendige Praxis mündet. Mit Beiträgen unter anderem von: Gerald Hüther (Universität Göttingen), C. Otto Scharmer (MIT Boston), David W. Orr (Oberlin College Ohio) und Renate Zimmer (Direktorin des Niedersächsischen Instituts für frühkindliche Bildung und Entwicklung (NIFBE). Verlag: oekom verlag (6. November 2014) ISBN-10: 3865816975
19,95 €

Die Hölle von Bramsche: ein Tatsachenroman
über niederländische Zwangsarbeit in Deutschland
*von Martina und Johannes F. Hartkemeyer (Herausge-
ber), Hans de la Rive Box (Autor)*

Ein packender Tatsachenroman über das Schicksal
niederländischer Zwangsarbeit in Deutschland. Er
wurde bereits 1944/45 geschrieben – teilweise noch in
einem deutschen Arbeiterlager – und 1945 in den
Niederlanden veröffentlicht. Jetzt erscheint er erstmals in deutscher Sprache. 1944: Das Deutsche Reich liegt unter dem Bombenhagel der alliier-
ten Luftwaffe. Rückzug an allen Fronten, Zwangsarbeiter aus den erober-
ten Gebieten sollen in Deutschland fehlende Arbeitskräfte ersetzen. In der
niederländischen Stadt Hilversum findet eine Zwangsrekrutierung statt.
Arbeitsfähige Männer, unter ihnen die Mitglieder des Orchesters von Ra-
dio Hilversum, werden nach Bramsche transportiert. Von dort aus zwingt
man sie tägliche zum Arbeitsplatz: sie sollen eine Nordumgehung für den
Eisenbahnknotenpunkt Osnabrück verlegen. Elend und Not der Zwangsarbeiter,Schikanen der Bewacher und Hilfeleistungen der örtlichen Bevölkerung schildert ein Zwangsarbeiter, der das alles am eigenen Leib erlebt
hat. Verlag: Books on Demand; Auflage: 1 (21. Mai 2014). ISBN-10:
373573670X   ISBN-13: 978-3735736703

Ausbildung zur Dialogprozess-Begleitung

Nicht nur bei der Entwicklung von Gemeinschaftsgetragener Landwirtschaft und generationsübergreifenden Lebenslernorten sind dialogische Qualitäten gefragt.

An vielen Stellen im Alltag begegnen wir Herausforderungen in unserer Kommunikation. Wie können wir Menschen so miteinander reden, dass wir uns besser verstehen, wenn wir zu zweit, zu dritt, oder mit mehreren zusammen sind? Woran liegt es, dass manchmal durchaus ein besonderer Geist zwischen uns weht, so dass wir gemeinsam eher der Wahrheit näher kommen, als wenn wir alleine um Verstehen ringen? Manchmal machen wir aber auch die gegenteilige Erfahrung, blockieren uns gegenseitig, und "Erklärungen" führen - gerade in Gruppen - zu immer neuen Missverstndnissen.

Ausgehend von den Forschungen des Organisational Learning Center des Massachusetts Institute of Technology (MIT), langjährigen Erfahrungen in der Vermittlung von Methodenkompetenz und Begleitung von individuellen und organisationalen Veränderungsprozessen sowie auf der Grundlage unserer Ergebnisse in der (englischsprachigen) Ausbildung von Partnern aus 8 europäischen Ländern in EU Projekten bieten wir Ausbildungen zur Dialog-Begleitung in deutscher Sprache an.

Diese Dialogprozess-Begleitung basiert auf Forschungen von Martin Buber, David Bohm, Peter Senge, William Isaacs, Freeman Dhority, M. und J. Hartkemeyer u.a.. Deren Ergebnisse und Praxiserfahrungen sowie die anderer Expertinnen und Experten in der Dialog-Begleitung bilden die Grundlage für die gemeinsamen Lernprozesse in dieser Ausbildung.

Weitere Infos unter:

www.dialogprojekt.de

Nikolaus B. Enkelmann: Der Kennedy-Effekt. Mit Charisma zu Macht und Einfluss
Verlag: Redline Verlag
Erscheinungsjahr: 18.01.2002
ISBN: 9783832309046

Jocko Willink und Leif Babin: Extreme Ownership – mit Verantwortung führen. Was uns das Navy SEAL-Prinzip über Führung lehrt
Verlag: Redline Verlag
Erscheinungsjahr: 05.11.2018 (deutsche Ausgabe)
ISBN: 978-3-86881-727-0

Rainer Zitelmann: Setze dir größere Ziele! Erfolgreich durch Zielmanagement
Verlag: Redline Verlag
Erscheinungsjahr: 20.11.2019
ISBN: 978-3-86881-780-5

Mein Dank gilt den Autoren, deren Werke meine Gedankenwelt bereichert und mein Verständnis von Führung geprägt haben.

Quellenangaben und Inspirationen

Für die Erstellung dieses Buches habe ich auf eine Vielzahl von wertvollen Quellen und Denkanstößen zurückgegriffen, die meine Sicht auf Leadership und Unternehmertum maßgeblich geprägt haben. Besonders inspirierend waren:

Fredmund Malik: Führen, Leisten, Leben. Wirksames Management für eine neue Welt
Verlag: Campus Verlag
Erscheinungsjahr: 13.03.2019
ISBN: 978-3-593-51069-9

Alexander A. Gorjinia: Einfach besser führen. Die Erfolgsmethode für Unternehmer und Führungskräfte
Verlag: Enkelmann Erfolgs Edition GmbH
Erscheinungsjahr: 15.06.2019
ISBN: 9783947942985

Martin Limbeck: Warum keiner will, dass du nach oben kommst. Erfolg ist eine Entscheidung
Verlag: Redline Verlag
Erscheinungsjahr: 12.09.2014
ISBN: 978-3-86881-235-0

Boris Grundl: Leading Simple. Führen können – Leben lernen
Verlag: Gabal Verlag
Erscheinungsjahr: 07.09.2021
ISBN: 978-3-96739-070-4